看就懂的 股市小百科

王國華・著

Making money from the market

投資股票
必備工具書

新手一看就懂的股市小百科 / 王國華著. -- 初版. --
臺北市：羿勝國際, 2017.01
面；　公分
ISBN 978-986-91477-3-6(平裝)

1.股票投資 2.投資技術 3.投資分析
563.53　　105023674

羿勝國際

作　　者　王國華
封面設計　彭子馨
美　　編　純伶
出　　版　羿勝國際出版社
初　　版　2017年04月
電　　話　（02）2297-1609（代表號）
定　　價　請參考封底
印　　製　東豪印刷事業有限公司

總 經 銷　羿勝國際出版社
聯絡電話　(02)2236-1802
公司地址　220新北市板橋區板新路90號1樓
e-mail　yhc@kiss99.com

一個良好的理財規劃，
勝過100個理財方法。

Foreword
前言

在金庸小說的《笑傲江湖》裡的華山派，分為氣宗和劍宗，當時都有各自的說法，劍宗是以練劍為主氣為輔，氣宗則是注重練氣功，劍法只是招式，也因為這兩派完全不同的練功方式，造成兩派惡鬥。

在股市裡也經常有基本面和技術面的爭論，信仰基本面的投資人認為，投資股市就是要看公司的財報和獲利狀況，而鑽研技術面的投資人則認為，財報很容易造假，還不如觀察技術指標比較實在。

對於這兩種投資說法，我想我自己也無法給個完整定論，只能說《笑傲江湖》裡的令狐沖即使學會了獨孤九劍，也需要深厚的內功當基礎，才能夠繼續在江湖上走跳。

因此，這本雖是定位為讓讀者輕鬆學會股票技術分析，但是我也希望讀者可以學會看懂財務報表，因為學會技術分析不難，難的是要在股市裡持續地大賺小賠，而且技術指標也無法發現財報中的地雷。

例如有些公司明明就被掏空了，但是公司派依然可以把股價做成多頭排列，讓各種技術指標黃金交叉，等到財報利空爆發時，投資人已經被套在高檔了，所以投資人在學習股市劍法時，別忘了更要兼修股市氣功。

回想以前在學習股票技術分析時，總是需要買許多本書來研讀，才能把所有關於K線圖的技術分析有個完整的概念，而如今當自己想寫一本完整的股票技術分析書時，便想要把所有的技術分析都涵蓋進來，讓讀者可以有「買一本勝過買十本」的物超所值感覺。

為了讓讀者能真正學會技術分析，本書特別設計了最適合讀者的學習方法，堪稱是市面上最完整、最實用的圖解技術分析學習指南，從K線術語、技術指標、量價關係等都有精彩且詳盡的解析。

此外，我也舉出了大量台灣公司的技術線圖，並且在圖上繪製個人所觀察出的心得，進而讓讀者可以把所學到的理論，實際應用到現今的股票市場裡。

Contents
目錄

Contents
目錄

MEMO

Part 1

理財就定位

每一個人的理財規劃是社會國家進步的暗樁，是教育青年進入社會共同體時最需要的一門課程，先進國家早就懂得從兒童小學教育起就將理財納入教學課程。

第一篇 section 1

理財第一步，自己究竟擁有多少「總資產」？

算清了資產，又有了方向，你便可以開始著手理財計畫。

當一個全球經濟體日趨現代化，理財已經不再專屬於部份族群了。從一個國家、一個企業、一個工作室，到最基本的個人單位，理財是在現代社會中生存的首要能力。

檢驗自己的資產

理財的第一步，應該對自己的「籌碼」有多少進行瞭解。

什麼是「籌碼」呢？

簡單來說就是「總資產」。資產若嚴格來說包括了許多有形及無形的東西及概念，譬如房產、存款、妻兒家人、自己擁有的汽車、公司，甚至個人的專業能力等等，這邊我們僅簡單討論與財務數字比較相有關的東西。明白了自己的總資產有多少後，就要將之一一分類，妥善放入人生的各種加權比重及規劃中，開始考慮你想要如何度過你的人生。「如何度過你的人生」，乍聽之下似乎很沉重，但是這是必然要考量的。

因為想要過什麼樣的人生完全取決於你利用資產進行投資及規劃的方向；就好像每個人都羨慕郭台銘的成就，但是應該不是每個人會羨慕郭台銘每天過的生活。

一個想在郊區認真照顧收養流浪動物的愛心人士，他理財方向也一定和一個準備將小咖啡店展店至首都的老闆不一樣。因此設定與自己總資產能夠互相認同的方向與價值是這個步驟中最應注重核心。

妥善計畫總資產，就像一個要開始長途旅行的人一樣，在行前充份掌握了自己擁有的東西，在旅途中需要的時候才能順手拈來，或者緊急用上。如果你想要的是時尚都會旅程，你在準備行李的時候就會帶上具有在都市中毫不失禮、具備流行味的衣裝；如果你要進行的是戶外休閒或野林探險類的行程，你必須準備的是實用並且具有多功能特性的休閒衣著。

這樣的比喻便能較清楚讓你感覺到為什麼要進行理財時要先選定方向，並且計算自己的總資產。當然你可能會說，我並不設限，能夠達到什麼就達到什麼。那當然也可以，但是你還是要對總資產做一次通盤的了解，否則你有可能達到什麼，連你自己都不清楚，沒有人能幫你預測或是斷言。

理財投資的方向規劃也要與你的個性來做搭配。個性也是你資產中的一部份。

你是什麼樣性格的人？保守？積極？穩健？都會深深影響你的投資方式，包括對股票、基金、黃金、房地產、定存、外匯……的長短運用方式。

有點像若你並不是大膽進取的人士，你必然不適合從事期貨或者有財務上會有大起大落的理財方式。算清了資產，又有了方向，你便可以開始著手理財計畫。

即時理財

初時，每一個想要理財的人或是無意間開始理財的人都只能擁有差不多的資產。是的，那很正常，不需要洩氣。在這邊筆者衷心地給予想要確實展開理財生活的年輕人一些建議，那就是務必選擇一種先苦後樂的人生。

何謂先苦後樂的人生？

意即先進行努力，然後才進行享樂。在你能吃苦的年紀，就應當充份利用青春的可能性及最多的時間去做各種有趣、正向的嘗試，因為在這個階段如果跌倒了可以較輕鬆地爬起來，如果失敗了也有許多時間可以重新整裝待發。

但現在年輕人普遍喜愛「即時行樂」的觀念，認為自己才不要像父母親那一輩一樣苦幹實幹、認為苦了大半輩子最後得到的報酬還比不上中一張樂透的獎金。可是持有這些觀念的年輕人多半對大環境的認知不夠，他們不知道此一時彼一時。

父母親那一輩生活的經濟環境與現在已經大不相同，那個時候社會正處於一種起飛的狀態，只要努力就有錢賺，經濟資源也尚未飽和，所以在那樣的時代是不太需要做細膩度高的理財，基本上那時候的理財，了不起只要定存及買房就算是理財了。

但是現在不同，工作機會驟減，資源開發也趨於飽和，你就算真正做到省吃減用、拼了一條命也無法只靠存錢變成所謂有錢人。有一句話很有意思：如果你做的事跟大家都一樣，付出的汗水也都一模一樣，那麼你所能擁有的也和別人一樣；有時候機運不好，甚至還沒辦法一樣！

所以奉勸那些抱著即時行樂的年輕人要扭轉觀念，將「即時行樂」改成「即時理財」，當你開始過有計劃、先努力的人生後，理財致富的可能性就會隨之而來。

既然我們存錢恐怕致不了富，那麼是不是就不要存錢、不要節省金錢的用度了呢？錯。

不要瞧不起「節流」這件事，如果每個月的薪水都無法存下一些，就像是一缸水不把漏水的小洞塞住那樣，一邊加水、卻一邊流水，水缸永遠都無法裝滿，更別提要拿這缸水做什麼用處。

資產絕對要越存越滿，而不能邊裝邊流，這一點是所有理財初學者務必要思慮明白的。

第一篇 section 2

將財庫分為三部分

因為檢視資產時所應該要注意的是，所謂「資產」和「花費」是不一樣的東西。

對自己的資產了解之後便著手開始學著計算和規劃。我們平時可以觀察到一種現象，那就是有錢人都十分忙碌並專注於理財。你可能會說：「控制自己的花費，我也會呀！我也很認真理財！」這種單純的想法是錯誤的。

因為檢視資產時所應該要注意的是，所謂「資產」和「花費」是不一樣的東西。有錢人在理的是整理及重新計較資產最大利益的部份，並不是拼命計算花費這個動作。

但大致上來說，每個人的「薪水」這個部份屬於最簡單的可動資產，前面還有提到的房子、車子、存款等就屬於簡單的不動資產，年復一年、日復一日，它不會有太多價值上的改變，這樣的東西都屬於資產；而花費是消耗性，變動金錢為低者，並不能帶來財富，譬如：衣服、包包、高級餐廳的享受等等，一旦支付出去就不能回收，只會耗減的，都是花費，不能算進你的資產。

而有錢人與一般人最大的不同在於：有錢人雖然也有花費，但是他們也有很多能夠算進資產的周邊項目，不動產、公司、生產出來的商品、商標權、所有權……，都是可以創造更高價值的東西。

要「投資在資產」這個部份上，而不是將精神放在「處理花費」這個部份，便能藉此創造更多財富。這就是金錢配置的觀念了，而你的生活型態有時候也許會影響你的金錢配置。

再說到三十年前的房地產價值只有現在的十分之一，這意謂著當年如果能將放在銀行的錢改放到房地產上，三十年後的今天，它已經為你創造十倍的利潤！三百萬變成三千萬、七百萬就變成七千萬，那時候的百萬富翁現在就是億萬富豪！

還有，在一九八五年，台灣股市啟動，從六百點開始，歷經多次的股市萬點高峰，只要掌握到任何一次瘋狂的爬昇都能為你帶來驚人的獲利！所以股票這類東西正是有錢人極重要的一種投資規劃。

現在你可以清楚知道資產和花費要如何在自己的總資產中區分出來。錢，放在銀行與放在別的地方都是錢，但哪種可以真正錢滾錢，那一種就是要理的部份。

將財庫分成三組

認真檢視一下你的資產，好好觀察出自己用錢的習慣。之後，將自己的財庫分成三個部份。

第一份：應急的錢。假設出現階段的生活有可能發生的一些緊急狀況或是不可預期的支出。例如剛進入社會的新鮮人最基本的生活開銷、日常小額娛樂花費、房屋租金、保險等絕對要支付的錢，還有可能是臨時需要一筆保證金、訂金，或是因工作需要一台機車、自行車等等，這部份建議為總資產的15％。

第二份：保命的錢。要設想到萬一突然沒有工作及經濟來源，仍能在不向別人借貸的情形下有差不多二到三年的生活費，這部份建議為總資產的25％。

第三份：聚財的錢。大約是五個月到十個月之間不會用到的錢，只有這個部份是拿去從事投資的，不能用作其它，也不能是由別的部份拿來運用，這部分為總資產的60％。

有了這樣一整組的財庫規劃，這就是你理財的第一步了。

不要小看這種分配方式，它看似只是簡單的歸類動作，但是只要你能將生活中及人生中所有的金錢來去都認真放進這樣的排程裏面，就像所有的資源都被井井有條放入一間具有複雜生產線的工廠一樣，資源這就開始動了，並且開始「製造」下一個資源了！

生產線動起來，整間工廠就一定會有產能。這就是要擁有一組總資產表的原因。三個部份都有規定使用的項目，絕不要挖東牆補西牆，正如有錢人絕不會將投資所需的錢拿去娛樂或借貸胡亂周轉，那叫做「挪用」並不叫理財。

而因為你每個部份都能恰如其份的運用，所以整體的成長及損益就可以十分透徹。此外，人類的財務行為有點像是隨機性質的，又有點像是規律性的，裏面也許簽涉到許多與賭博相關的心理。所以特別要注意自己在做財務規劃時，有些行為可以是一個好習慣，具有生產力的，但也可能會讓你萬劫不復。

很多人一輩子都改正不了這種類似自我毀滅的行為模式，在此說的其實就是賭徒的個性，因此理財時一組這樣的基本三套總資產表，同時也會是自己的保命丹，間接幫助你具有改變財務行為的能力。

想要改變任何行為，一定要先找到同等級的新行為。在投資理財來說，這叫做「設定停損」。

想改變自己的惡習不是那麼容易的事，我們不必假設自己在一天之就能學會，難道今天睡前是罪人，隔天早晨起來就會變成聖人嗎？這是不可能的。

你可以先設定好自己的停損點和新的材務行為，再一步步慢慢達成你的目的。你也可以找一個和你有一樣毛病的朋友，互相提醒和打氣，達到監督的作用，如此效果會更大。

要做這些規劃和改變惡習有時候真的需要別人從旁協助，如果只是由你一個人默默執行，時間一久，或者懶勁兒一發，通常都會自己騙自己。如果你連改正惡習的決心都下不了，那麼有沒有做材務規劃一點也沒有用處，不如趁早面對自己永遠缺錢的日子。

總資產表就是要幫助你理性面對自己金錢來源的優勢及劣勢，如果不能改變其中的賭徒惡質行為，那麼真的也不需要浪費時間。

在改變惡習的行為中，我們可以把正確、有效益的行為強化起來，這種行為越常被強化，以後就越容易再出現；總而言之，這樣的步驟就是「練習、練習、再練習」，在財務規劃中我們希望擁有的都是好的行為，一直去使用，就不會忘了它。

將資產劃分為三組，循著好的理財行為走下去；每個人都難免會犯錯，但是要有改變行為的能力，一旦學會改正理財惡習，就能真正展開有效益的理財方式。

投資小叮嚀

將資產劃分為三組，循著好的理財行為走下去。

第一篇 section 3

熱愛之所在，財富就來

當你熱愛自己所做的事，你的財富就不只是用數字來衡量了。

當我們老了，無法再用勞力和時間去換取金錢，又面臨了必須從職場退休，耐麼我們該怎麼生活？

每一個人不外乎都想：

一、提早退休，享受美好的生活。

二、不用為錢奔波、賣命，做自己的主人。

三、買自己夢想擁有的東西，例如：房子、車子、精品……。

四、能承擔人生中的意外事故。

五、不用強迫自己每天面對不喜歡的人事物。

六、富足無缺過一生。

但是，上班領薪水只能三餐溫飽。來做個簡單的計算，上班三十年，一輩子賺多少錢？

一、年薪四十萬，一輩子賺一千兩百萬。

二、年薪六十萬，一輩子賺一千八百萬。

三、年薪八十萬，一輩子賺兩千四百萬。

你說，蛤？連一棟豪華宅邸都買不起！沒錯，事實就是如此。

薪水無法致富，薪水無法保你充足一生，所以我們才要探討理財、學習理財；正確的理財觀可以幫助你一步步實現富足人生的夢想。

然而光是全神貫注在金錢上，這種態度卻不保證能夠致富喔！簡單來說，你的著眼點一直放在數字和金錢上，反而是最不具效果的致富方法。因為如果你秉棄一切，只追逐金錢，反而永遠無法得到快樂和滿足，而且也丟棄了許多其它可能帶財的機會。

把握機會也是理財的重要課題。簡單來說，如果你渴望著富有成功、還想不太費力就達到，那你一定要關注下面這些項目，它們一樣是你理財計劃的重要考量：你從事的工作是否能激發你的創意？你從事的工作就算沒錢可拿你也不會太痛苦地去做。

沒錢拿要怎麼賺錢？沒賺錢又要怎麼理財？因為：你所從事的工作如果你越能享受它，就會對它投入越多。投入越多之後你經由它獲得的知識就越豐富，你在這一方面也就越有力量，越有力量就越容易成功。

從你喜歡的項目開始

當你熱愛自己所做的事，你的財富就不只是用數字來衡量了。你會擁有權力和影響力，而權力和影響力可以幫助你達到滾動資產的更大效益。所以找到自己喜歡的志業絕對也是理財的重要項目，這和薪水無關，這和「財富」有關。

你不去計劃這些和財富有關的事只在乎金錢數字，財富反而離你越遠。相反的，你總是熱忱地去規劃熱衷的事、因為熱衷所以更會用心，財富就會向你靠攏。

理財有否效果和這些心理上的因素也有莫大的關係。這和我們在前面所提到的找出價值方向是一樣的道理。

你忽視最根本的事，只在乎做些什麼事、用些什麼技巧可以致富，卻不去梳理你的人生、你的志向、你的優勢、你的熱情所在，最終依然無法成功致富，因為財富和薪水不一樣，財富藏在這些東西裏面！

理財，有幾樣好的基本態度和法則，我們來簡單說明一下哪些是以上「你不理財，財就離開你；你熱愛之所在，財富就來」觀念的重點及方法。

一、主動將理財活動事先與你的嗜好組織好，也可免於在被動的情況下硬拼湊它們。事先的計劃可以讓你進退有據，也比較不受他人影響而導致損失。不管你要如何將它與你的嗜好連結，都要有所計劃，還有設定「停損」。簡單來說，就是照著你的行程表走！

二、你的理財計劃有可能會失敗，記得，成敗都是你一人負責，也要是你一人所能負責，要挑起全部責任，確保自己面對獲利或是損失都不會受不必要的情緒影響，堅守自己的底線並且繼續嘗試。

三、對於自己的計劃是否正確要有敏感的嗅覺。譬如在一個不喝咖啡的地區你只想投資咖啡，結果是必然可見。這樣熱情無關，是和方向有關，要知道投資或理財策略失敗必有原因，找出原因並且一一擊破。

四、培養正面的人際關係。我們都有朋友，但是如果我們身邊都是借貸度日或者都是失意的人，我們就無法學到正面的價值觀。因此向一些擁有雄圖壯志的人學習也很重要，他們會無形中教給我們正面處事和思考的態度。

五、不需要二十四小時都在鑽研理財，特別是如果你沒有固定收入，靠投資為生，就更要留意；如果你只是想要學理財，也要注意不要花過多的時間在上面。

當有利可得時你可能會花許多時間投注，甚至影響生活的其它層面，但也意味著如果投資有所損失時會將殺傷力加乘。

別讓理財方式控制你的生活，你要學會掌握理財的態度。

六、太過自信會是最大的拌腳石。低潮時不要懷憂喪志，但得意時也不要迷失了自我，凡事都要取得一種平衡。有人說在投資理財這件事上，太過自信比沒有信心還糟，因為如果態過自信就會變得盲目，喪失一些基本的判斷能力。

七、永遠有下一個目標。人需要一直追求顛峰，如果一時之間覺得滿足了，卻不為自己的理財生活尋找下一個目標，那麼很有可能境遇就會往下走去，這也是中國人所說的「物極必反」，千萬不要自以為自己站在最高點，因為站在最高點的時候你只能往下看。

投資小叮嚀

觀念勝於數字！
計劃勝於薪水！

第一篇 section 4

「負債」是長期還是短期？

因為檢視資產時所應該要注意的是，所謂「資產」和「花費」是不一樣的東西。

一家公司或是一間企業都會將財務狀況以一個時間為單位製作成一張「資產負債表」，裏面詳列公司的資本、股本、稅金、借款、盈餘、人事費用，流動的和非流動的債務……等等，基本上就是在精算整個公司內部的總資產，最重要的事得出有沒有賺錢？也就是有沒有遭遇「負債」狀況？

我們個人的理財沒有那麼複雜，所能做到的就是計算總資產，找出「負債」。

如今台灣年輕的世代沒有經歷過上一輩物資缺乏、生活困頓的生活，那樣吃不飽穿不暖的惜物觀念並沒有機會在他們心中長成，因此對於金錢的用度較不保守，很容易陷入一種過度消費的情況，所以許多小家庭是呈現「負債」狀態。

什麼是負債呢？小自信用卡買單、

大至貸款買車、買房，這些都是延遲付費的概念，然後以為自己很有錢，自詡為千萬富翁。

諸如這類的消費心態，在理財的法則上往往就是容易受金融新產品誘惑、做出過於急躁、不正確判斷的投資行為根本原因，而發生虧損後，資產真正轉為負債。

繼前面我們所規劃的理財第一步：檢視個人資產，務必算出個人的固定收入及固定支出，將財庫劃分為三大類。之後看看自己究竟有多少現金，整理出個人基金對帳單、股票存摺，算一算買進成本和現值是多少。

接著認真檢視負債的部份：包括房貸、車貸、信用卡循環餘額等等，仔細把所有問題都條列出來。負債對於一個人的財富影響甚大，好比說你身邊若有個三百萬左右乍看之下是算小有存款，但是若負債達到五百多萬，那麼基本上你個人可以拿來做投資的錢根本就是零了，如此一來也遑論要理財，要理也是該理出還款的頭緒了。

當然，你還是可以利用這三百萬來做精細投資，但是對於理財新手的人來說，負債的數目是遠遠大過於存款，連存款都沒有辦法做三套總資產分配的規劃。也就是說當你的借貸抵押現值低於未償還貸款總額，問題便很嚴重，這意謂著你沒有還款能力。

因負債而遭受最大衝擊的應該是銀行系統，因為還款人若付不出錢，只要一放棄，問題便回到銀行去了。但是個人損失的是銀行信用，那是對理財來說更加不利的事。不論以哪一個角度來看，理財專家都不會贊同有負債的情形發生。

從消費檢視負債狀況

美國人喜歡買車，約有50%以上的族群喜歡在買的時候沒有把費用一次付清，這些車一旦因某些因素而無法償清貸款時，車輛的貶值率又是特別之高，因此也是迅速造成負債。所以簡約來看。房屋和汽車也是國人最常持有的負債。

以理財的眼光來看，負債分為長期與短期，長期的負債比短期更需要避免、更具有殺傷力，所以在處理購買行為時絕對不可有「膨風」心態，所謂的富爸爸也是做自己手邊額度能夠做到的合理購買行為，只有一、兩百萬現金的人不該貸款去買八百萬、一千萬的房子。因為這是長期負債，它會拖掉你可以投資的本錢。

注意這邊提到的是：「能夠籌款出來的現金」方能抵銷你的負債。

而短期的負債就是一些信用消費問題，這也是前媒體新聞常說到的，年輕人薪水不高而怨當「月光族」，但是卻又寧願貸款或是刷卡分期購買高價品，像是手機、相機這些時尚3C配備。

有一個有趣的現象發現：剛畢業的新鮮人身上的衣飾、鞋子、手機，平均總價格普遍比一個工作七、八年或是已經成家的人身上的配件價格來的高。

為什麼呢？這就是綜合以上的論點：「沒有理材概念的人才會從事累積短期負債的行為」。

然而現在多數的社會新鮮人不想在公司上班，偏好自己創業。你若想要創業，這就是一種投資，便需要理財，這些信用卡借貸消費的負債累積行為絕對要避免。

有一句諺語叫做：「領多少錢，做多少事。」意即職位低的人不該大肆評論公司政策及方向，畢竟你還沒有那個資格。

我們可以將它改一改，變成：「有多少資產，做多少消費。」在買東西的時候不要被虛榮的心態所影響，也不要人云亦云，做一個理性的消費者，這也是理財最成功的第一步。

負債對於一個人的財務規劃具有決定性的影響，而且還是應該要立即改變的部份。積極處理這些負債比創造資產更重要，只要調整完負債，等於馬上增加了現金，有了現金，你才可以決定你要做多少的投資。

投資小叮嚀

所謂個人的理財沒有那麼複雜，就是計算總資產，找出「負債」。

MEMO

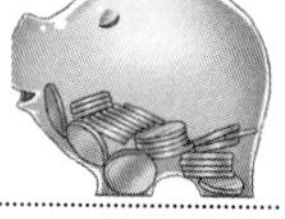

Part 2

股市新手入門

上班族不用因為自己忙碌的工作而無法理財，而是能夠隨時隨地找個能上網的手機或電腦，即可讓自己的資產持續上升。

第二篇 section 1

30分鐘致富懶人包

因為檢視資產時所應該要注意的是，所謂「資產」和「花費」是不一樣的東西。

嘉豐是我的國中同學，他目前在一家科技公司的國外業務，由於國外時差的關係，台灣下午五點的下班時間，歐美才剛開始上班。

因此他總是經常需要加班，經常下班時間都在晚上九點左右，他經常跟我說沒什麼時間理財，因為回到家隨便忙一下就十一點了，這時已經要準備睡覺來應付隔日的上班。嘉豐的忙碌生活，我相信是許多上班族的寫照。的確，上班族每天要應付公司上的大小事，對於理財有時真的很難抽時間來做，但是物價卻隨著時間上漲，現在的一百元購買力，有可能二十年後只剩八十元的價值，而上班族的薪水有可能二十年後還是不上不下。

面對這樣的社會現象，為了讓每個人的財富也能夠隨著時間增值，我便為上班族想了一套「30分鐘致富懶人包」，每天

我的投資組合

代號	股名	多空	股數	成本	成本	1/3收	目前損益	建立時間
2409	友達	作多	100,000	1,400,000	14.00	13.05	-95,000	2011/12/08
2882	國泰金	作多	60,000	1,794,000	29.90	32.65	165,000	2011/11/24
3306	鼎天	作多	45,000	1,244,250	27.65	22.3	-240,750	2011/11/17
2890	永豐金	作多	200,000	1,760,000	8.80	9.14	68,000	2011/11/17

只要找三十分鐘來理財，不論是在早上起床時、上下班途中、中午午休的時候或是晚上睡覺前，都可以運用這套方法，快速掌握住自己資產的增值速度。

10分鐘檢視資產曲線圖

運用這套方法，你需要運用Excel運算表，若你不懂得如何設定Excel運算表，可以就近問一下親朋好友，因為這只是用到Excel最簡單的運算方式，我相信對任何人來說一點都不困難。

以上我模擬一個例子，假設我有一千萬現金可投資股市，而在二〇一一年十一月十七日至二〇一一年十二月八日期間，建立了我的投資組合，到了二〇一二年一月三日，股票會有所漲跌，下表即是我所模擬的投資組合。

接下來，便運用（表1）紀錄每天的股票現值和現金，紀錄了一段時間，便會呈現出下表的紀錄狀況，最後再利用Excel表的功能，將每日的資產變動連結起來，就成為屬於自己的資產淨值趨勢圖。

10分鐘分析自己的資產趨勢圖

若是每天都更新數據的話，那麼其實第一個十分鐘，可能只要一分鐘就解決了，因為只是把數字填入，Excel表自動就會跑出曲線圖。第二個十分鐘，便是分析自己當日的資產趨勢圖，因為這線圖牽涉到自己財產的增減，因此若是長期下滑或是盤整不動，那麼就要開始想辦法讓資產回復到上升趨勢上。

因此在第二個十分鐘裡，就是看看這一陣子曲線圖的變化之外，也要分析為何之前買的股票套牢的原因，進而讓自己不要再犯同樣的錯誤。

10分鐘調整隔日的投資組合

經由前面二十分鐘的檢討與分析後，第三個十分鐘便是要調整投資組合了。

以（表2）為例，友達和鼎天這兩檔股票，是必須優先要考慮賣掉的股票，因為唯有賣掉不漲的股票，換成持續上漲的股票，才能夠讓自己的資產趨勢圖上升。

資產淨值表（表1）

日期	現金	股票現值	目前資產淨值
2012/01/03	3,553,351	6,095,500	9,648,851
2012/01/02	3,553,351	5,932,000	9,485,351
2011/12/30	3,553,351	6,109,500	9,662,851
2011/12/29	3,553,351	6,159,750	9,713,101
2011/12/28	3,553,351	6,150,500	9,703,851
2011/12/27	3,553,351	6,216,250	9,769,601
2011/12/26	3,553,351	6,186,500	9,739,851
2011/12/23	3,553,351	6,260,000	9,813,351
2011/12/22	3,553,351	6,034,500	9,587,851
2011/12/21	3,553,351	5,905,000	9,458,351
2011/12/20	3,553,351	5,528,000	9,081,351
2011/12/19	3,553,351	5,518,000	9,071,351
2011/12/16	3,553,351	5,689,750	9,243,101
2011/12/15	3,553,351	5,697,500	9,250,851
2011/12/14	3,553,351	5,888,500	9,441,851
2011/12/13	3,553,351	5,876,750	9,430,101
2011/12/12	3,553,351	5,945,500	9,498,851
2011/12/09	3,553,351	5,944,000	9,497,351
2011/12/08	3,553,351	5,986,500	9,539,851
2011/12/07	4,956,851	4,726,000	9,682,851
2011/12/06	3,942,394	5,669,000	9,611,394
2011/12/05	3,942,394	5,826,000	9,768,394
2011/12/02	3,942,394	5,779,500	9,721,894
2011/12/01	3,942,394	5,827,000	9,769,394

粗體字部分代表應該換的股票（表2）

代號	股名	多空	股數	成本	成本	1/3收	目前損益	建立時間
2409	**友達**	**作多**	**100,000**	**1,400,000**	**14.00**	**13.05**	**-95,000**	**2011/12/08**
2882	國泰金	作多	60,000	1,794,000	29.90	32.65	165,000	2011/11/24
3306	**鼎天**	**作多**	**45,000**	**1,244,250**	**27.65**	**22.3**	**-240,750**	**2011/11/17**
2890	永豐金	作多	200,000	1,760,000	8.80	9.14	68,000	2011/11/17

目前所有的股票券商都有提供網路下單的功能，甚至有些也可以手機下單，因此無論在何時何地，只要你決定要換股了，就立即執行，不要有鴕鳥心態，以為股票不賣就不算賠，但是若以資產趨勢圖的角度來看，讓手上的股票都是上漲，總體的資產趨勢圖也才能夠續漲。

不看盤也能晉升有錢人

「30分鐘致富懶人包」非常適合所有的上班族使用，雖然基本的使用門檻是要會用Excel表，但是我相信只要想辦法做好第一次的設定，之後只是更新數據而已，絕對適合男女老幼來使用。

「30分鐘致富懶人包」的內涵精神，就是讓投資人自動學會股市裡的「汰弱留

資產淨值圖

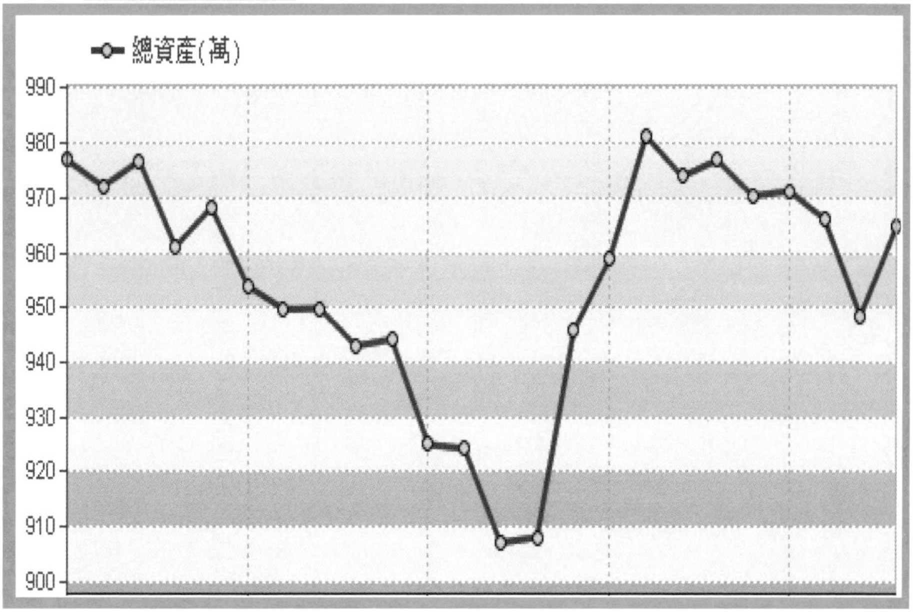

強」、「停損停利」、「分散投資」等多項投資技術，最重要的，上班族不用因為自己忙碌的工作而無法理財，而是能夠隨時隨地找個能上網的手機或電腦，即可讓自己的資產持續上升。

投資小叮嚀

積極處理負債比創造資產更重要，只要調整完負債，等於馬上增加了現金。

第二篇 section 2

市場先生的比喻

股市短線來看就像是投票機，長線而言則是體重機。

每個人對於財富的增減越看重，那麼在投資過程中，便很難保持平常心，唯有把格局放大、眼光放遠，才能在詭譎多變的投資市場中勝出。

你對財富的情緒控管好嗎？

王大權和小茜是個平凡的中產階級，王大權掌管著家中的資產配置，舉凡家裡的房貸、車貸和股票投資都是王大權負責，他太太李小茜則是負責家裡的生活費和保險事宜。乍看之下，這樣的財務分工還算不錯，但是李小茜經常會擔心王大權的股票投資。以下便是他們家中的對話：

【股票市場大跌時的對話】

李小茜：「老公，最近的股票大跌了近三千點，我們的股票投資還好吧？」

王大權：「恩，當然不好，算一算平

均賠了20％。」

李小茜：「是喔，早知道就不要投資股票了，不然放在定存比較安全。」

王大權：「股票是要長期投資的，當初不是說好要相信我的投資嗎？」

李小茜：「是沒錯，可是你當初也說股票投資一年可以賺20％的報酬率，結果現在反而賠了20％，萬一這家公司倒閉了怎麼辦？」

王大權：「……」

【股票市場大漲時的對話】

李小茜：「老公，最近的股票好像漲很多喔，我們的股票投資狀況如何？」

王大權：「嗯，還不錯喔，若以年報酬率來算，賺了近30％。」

李小茜：「哇，那若投資一百萬來算，我們不就賺了三十萬，相當於上班族一年的薪水阿。」

王大權：「是阿，不過我只有投資二十萬，因為你上次不是說投資股票有風險，所以我就沒投入太多資金了。」

李小茜：「天阿，我上次只是關心一下而已，你怎麼不堅持一下阿，早知道股票會漲，我就會多投入資金了。」

王大權：「……」

以上的兩種對話，經常在股票起伏中，以不同的版本出現，王大權和李小茜雖然彼此的財務管理分工了，但是對於股票投資這一塊，長期下來，卻很難有很好的報酬率。

因為兩夫妻經常處在「跌時會怕、漲時會貪」的情緒裡，這便是受到了「股票市場先生」的影響。

股票市場先生

班傑明．葛拉漢（Benjamin Graham）是華爾街公認的證券分析之父，一九三四年和陶德（David L. Dodd）合著「有價證券分析」（Security Analysis）一書，成為證券分析開山始祖，股神華倫．巴菲特也是班傑明．葛拉漢的學生。葛拉漢對於股市有個很傳神的比喻，他說：「股市短線來看就像是投票機，長線而言則是體重機。」

因為他認為短期內投資人因為受到消息面的影響，因此造成短線過分進出，就像是投票一樣，有時候選A，有時候選B，但是股市長期而言反應出一家公司的價值，就像是體重機一樣，不管認為自己多胖或多瘦，一站上去就見真章。

葛拉漢也把股票市場擬人化為一位「市場先生」，把投資人和「市場先生」當成一家非上市公司的合夥人。

但是「市場先生」每天都想要退股，因此每天都會跟你報價，你可以決定要以什麼價格收購「市場先生」的股份。

「市場先生」的情緒是不穩定的，套句醫學上的專業術語來說：「市場先生可能得了躁鬱症」。當「市場先生」高興時，他會認為公司的未來前景一片樂觀，因此他的報價便會很高；但當「市場先生」傷心時，會認為公司隨時會倒閉，這時他的報價便會很低。

幸運的是，「市場先生」不會怕被冷落，因此若今天他的報價你沒看到，他明天會在報價，葛拉漢提醒，不要隨著「市場先生」的情緒起舞，反而應該利用「市場先生」不合理的報價買進或賣出。

過濾股市消息才能勝出

王大權和李小茜若是不隨著「市場先生」的情緒起舞，只要股市的報價大漲時就賣一些股票，股市的報價大跌時就買一些股票，那麼長期下來，王大權的年獲利20%的目標就絕對不是夢想而已。

「大漲時賣股，大跌時買股。」這樣的操作說起來簡單，做起來卻非常困難。原因就是我們每天都會接收到許多訊息。只要親戚朋友們在聊天時談到：「最近股票賠了幾百萬。」或是看到報紙頭條：【融資大斷頭，散戶血流成河】。

相反的，若聽到某位朋友最近從股票市場賺了錢，並且用這些錢買了一棟房子，或是翻開報紙頭條：【股市榮景再現，預估還會再漲三千點】。

以前電腦網路不發達時，一則股票訊息對於股價的影響，有可能延遲一星期至好幾個月，但是現在只要美國蘋果公司早上公告的月營收下滑，那麼不到中午時，全世界的新聞網便會發布這項消息。

在這樣充滿投資消息的環境下，投資人要保持理性投資是非常困難的，我自己本身也經常陷在這些情緒之中。

但是經歷了幾次多空循環，我自己摸索出了一個理性投資的秘訣，那就是盡量遠離這些投資消息，親友聊天時盡量避開股票話題，看報章雜誌時，也盡量多看營收等基本面的消息。

投資人在未來的投資之路上，所需要訓練的不是如何去獲得更多的股票消息，而是要懂得過濾甚至拒絕接收一些股票消息，唯有如此，投資人才能盡量保持理性客觀的態度，來面對每一天的股市漲跌。

投資小叮嚀

大漲時賣股，大跌時買股。

第二篇 section 3

錢不要存銀行

我們無法改變世界，但是卻可以改變自己，學習正確理財，為自己存下第一桶金。

從一九七一年開始，美國尼克森總統決定取消了金本位制，從此以後，貨幣就不再值錢了，隨著各國政府大量印鈔的狀況下，人們辛苦工作存下來的錢，無法跟上物價上漲的速度。

人們賺越多，物價就漲更多，人們若把錢存在銀行裡，十年後，這些錢無法購買當今同等值的商品，這等於今天存的錢，等於未來的垃圾了。

努力儲蓄的人將是輸家

在我爸媽的年代裡，當時的人們進入職場後，只要不過度浪費，就可以存下超過50%的薪水，到了退休年齡時，他們可以自己存下一筆豐厚的退休金，因此我爸媽從小便灌輸我們要有儲蓄的好習慣。

但是如前所述，自從一九七一年取消金本位制後，全世界的貨幣制度已經改變了，各國爭相印製紙鈔的結果，造成全世界的原物料和房地產不斷飆漲，但可悲的是，人們的薪水並沒有跟著飆漲。

二〇〇六年時，若想在台北市買間三十坪的舊公寓，總價約在八百萬左右即可買到，但到了二〇一七年，同樣的一間三十坪的舊公寓，台北市的總價至少都翻倍至一六〇〇萬，若在大安區或信義區等精華地段，價格甚至超過二千萬。

這樣的房地產飆漲速度，意味著上班族十年前若每月存一萬五千元元，三年後約可存到一百萬的頭期款，十年後的上班族，則是每月要存三萬元，三年後要存到三百萬的頭期款，而且還要多禱告，三年後的房價別上漲太快，以免到時存到了三百萬，還是無法湊齊頭期款。

而更殘酷的事實是，根據勞委會調查，二〇〇六年到二〇一七年，大學畢業生平均薪資年年下滑，大學畢業只有二萬六千五百元，研究所也是三萬一千元。

起薪未達三萬的比例，從二〇〇四年25%，上升到二〇一七年37%，也就是說，物價年年上漲，但是薪水不只沒漲，甚至還呈現下滑的走勢。

在我爸媽的青壯年代裡，也就是當時的一九八〇工業年代，存錢的確是一種美德，當時最流行的一句成語是「勤儉持家」，但是到了二一世紀，你我共同生活的年代裡，這句成語卻變成了「勤儉無家」。

讓錢變為賺錢工具

上班族不要再把錢當錢看，因為這些紙鈔，將來都會不值錢，上班族要把現在的錢趕緊轉變為賺錢的工具，雖然這觀念對許多每天辛勤工作的人們無法接受，但是只要你現在願意面對，你的未來就已經開始改變。

我一直提倡上班族要想辦法讓自己辛苦賺的錢，用這些錢再去賺取更多的錢，如此不只能追趕上物價上漲的速度，甚至還有機會可以提前十年退休，方法即是透過存下來的錢，再去轉投資股票、房地產或創業。

用股票、房地產和創業這三大賺錢工具，為自己創造除了薪水之外的收入，而且這額外的收入可以跟得上物價上漲的速度，再以房地產為例，二〇〇六年台北市的八百萬公寓，到了二〇一七年至少漲至一千六百萬，若二〇〇七年選擇投資房地產，十年後賣掉此間房屋，戶頭就平白多了八百萬現金，而且這些現金完全不用辛苦上班就可得到。

我們無法改變世界，但是卻可以改變自己，所以我們不要把錢存在銀行，要把錢轉為賺錢的工具或是黃金，才是脫離窮忙族的唯一道路。

第二篇 section 4

新手一定要懂的4大問題

在投資前都應該要問問自己：「我可以承受的損失有多少？」

很多投資人想在股票市場裡增加他的資產，但是我卻經常看到很多股市新手，很多狀況都搞不清楚，就急忙地想進入市場，認為早點進場就能享受到錢潮滾滾而來的感覺。

另外有一些投資人，已經待在股票市場多年，但是他的投資行為卻還是像新手一樣，因為很多該了解該做的事情沒有做，因此，不管是新手或老手，只要想在股票市場裡賺到錢，本身一定要做一些基本的功課。

我將投入多少資金

投資人進入股票市場後，所要思考的第一個問題，便是「我將投入多少資金？」資金投入方式可分為兩種：單筆或定期定額，例如我戶頭裡有三百萬的定存，我要提出五十萬投資，或是我每月從薪水裡扣個一萬元匯入股票帳戶，等到存到一定的金額後，再買入股票。

投入資金的數字你必須要設想好，不管是個人資產配置，資金比例的調整，甚至要用融資融券進出股市，都要先考慮到本身投入股市的資金多寡，而在準備股市資金時，請切記一點，不要跟別人借錢來投資股市。

有些人因為看好短期內股市會上漲，便跟親戚朋友借了一筆錢投資，殊不知股市永遠有意想不到的突發性利空，這些利空都會造成短期內股價劇烈的波動，這是若投資的資金是別人的，不只所承受的壓力是加乘的。

用別人的資金投資是一種不負責任的投資行為，自己想投資，就要自己先去努力工作存一筆錢，就因為知道每一分錢來得不易，這樣之後在做任何投資與決策，自己才會再三小心。

我可以承受的損失有多少

在每個人的生活當中，有些錢是賠不得的，例如每月要繳的房貸、結婚基金、孩子的學費、每月的生活費等等費用，這些錢都不應該拿來投入股市。

假設你有一筆錢，在三至五年內都不會用到，放在定存也覺得利息太低，那麼這筆錢就很適合用來投資股市，準備好資金後，不管是三十萬或上百萬的資金，在投資前都應該要問問自己：「我可以承受的損失有多少？」

假設你的資金因為大盤利空，下跌了50%，那麼代表你的三十萬縮水只剩下十五萬，若你投入一百萬，那麼縮水只剩下五十萬，先想想這樣的資金縮水幅度你是否可以承受，就算自己可以承受，那麼自己的另一半是否可以接受。

因為有些夫妻的財產是一起投入股市的，唯有事先測試自己的抗壓性，才能在詭譎多變的股市裡勝出。

我想要從股市賺到多少錢

在跟朋友聚會聊天時，他們有時會跟我分享他們想從股市裡賺多少錢，有的人想一個月賺一倍，有人想要一季賺個50%，甚至有人想一年賺個十倍，聽到這些想法時，我的內心總是非常不以為然。

因為就連股神巴菲特的年報酬率都只有約20%左右。

因此像這些朋友們對於股票市場的期待獲利這麼高，老實說是非常不切實際的，或許有時候投資人買到一檔飆股，真的賺到好幾倍，但是這樣的好運總是少之又少，更多時候投資人買到股票是賠了五成再賠五成，最後甚至連自己的本金都賠光光還負債。

因此我們可以期待的股市報酬率，高標應該就是在股神巴菲特的20%，低標則是比目前定存多個1%。例如目前定存利率若在2%，那每年股市報酬率若能在3%～19%間，都算及格的投資操作，把期待的股市報酬率明確定出來後，那麼將會影響到你之後所做的操作策略。

例如若目前股市行情走大多頭，手上的股票在短短三個月內大漲了30％，大大超越了之前所定的報酬率區間，那麼這時我便建議可以把股票獲利出清。因為這樣的績效不只今年的目標已經達到，甚至可以休息至明年上半年再來投入股市，如此操作個幾年後，手上的資金自然就可以透過股市翻了好幾倍。

我願意投入多少時間了解股市

我記得以前與朋友小聚玩撲克牌21點時，由於是第一次完，剛開始我還搞不清楚Ace可以當1點也可以當11點。所以可想而知我一開始是慘輸的，而股票市場與撲克牌比較起來更是複雜許多，因此在進入股票市場後，還要問問自己「我願意投入多少時間了解股市」。

要買賣股票，一定要先懂一些基本的交易規則，例如股票開盤和收盤的時間、買賣的單位數如何計算、甚麼是除權息，若是做融資融券，如何當天先買後賣或先賣後買等交易規則，都是投資人在進入股市前，要先有的基本觀念。

不管你的工作目前有多忙，若你剛剛進入股票市場，我建議每天一定要撥出1至二小時來吸收股票市場的知識。

這些知識對許多在股票市場賺錢的投資人來說，是最基本的常識，若你無法以認真的態度來學習投資股票，那麼下場一定是跟我剛學21點一樣，慘賠出場，甚至從此不敢再買賣股票。

第二篇 section 5

股票新手入門

想學會做股票，就一定要學會如何停損。

進出股市的週期會影響你的操作策略，甚至會影響到你的獲利多寡，假如你每天可以有多餘的時間可以看盤，那麼你的操作週期很可能為兩三天進出一次，當行情波動較大時，你甚至有可能當天就進行買賣當沖。

看盤的時間決定你的操作策略

股市開盤的時間為早上九點至下午一點半，假設你這段時間可以每天看盤，那麼你的操作週期可以縮短，假設你是個忙碌的上班族，白天無法看盤，只能晚上回家才能研究股票，這時你便需要較長的操作週期。

做股票其實做短做長都可賺到錢，但是最怕的就是本來是打算做短線，結果被套牢了，就催眠自己要長期投資，結果就眼睜睜看著股價一路破底，若是有融資更

6500點以下買進持股，必有大利潤。

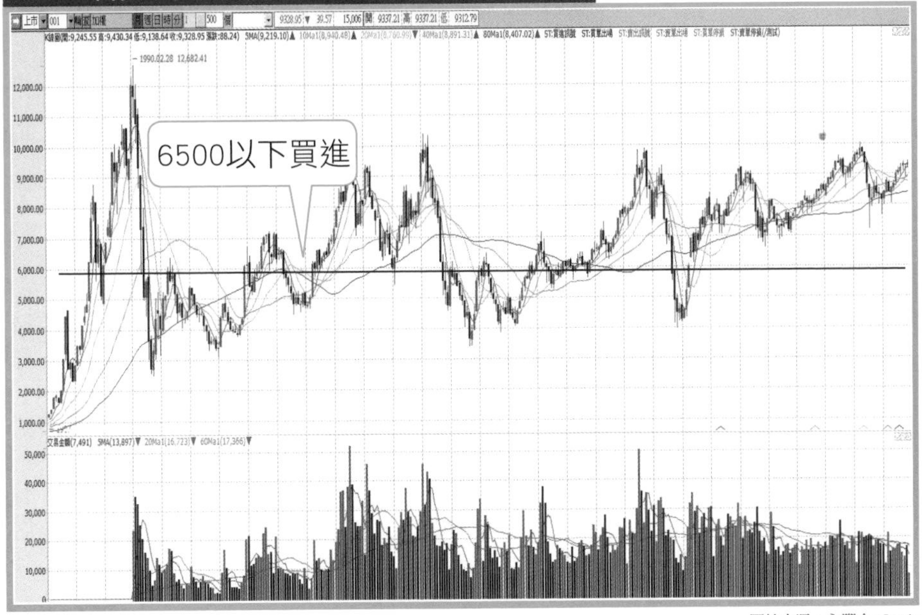

圖片來源：永豐金e-Leader

慘，最後還被券商斷頭出場。或是本來是要做半年至一年的長期投資，結果看到週遭朋友做短線賺到錢，自己也跟著改變操作週期，也跟著兩三天進出一次，賺到小錢就跑掉，結果最後短線被套時，又麻醉自己要改做長期投資，結果又是慘套賠錢出場。

你肯做停損嗎？

很多股市新手從來沒有想過「停損」這兩個字，認為自己來股票市場就是要來賺錢的，怎麼可能可以賠錢出場，但是會這樣想的投資人，最後的下場都是抱著滿滿的現金走進股市，結果全部賠光還負債地躺著出來股市。

因此，想學會做股票，就一定要學會如何停損，至於停損的價位可以自定，重點就是這個停損價位是自己可以接受的範圍。

例如投入股市的自有資金是十萬元，停損點設在7%，那麼當停損點來到時，你想到一賣出股票就會現賠七千元，心裡很不甘心，那麼你就要再把停損點再設短一點，讓自己可以毫不考慮的停損出場。

停損的重要性等同於你是否能夠靠股票致富，因為即使這次你不停損，結果股票順利反彈解套，甚至讓你大賺了一筆，那麼你將來就一定更不可能停損，結果當你有更多的資金投入股市時，你會一次把以前賺的通通賠回去。

停損好處在於若你看錯趨勢，能夠把資金留在手上，尋找下次的投資機會，但是若你持續看著股票沿路往下跌，到時若已經跌了超過五十%，到時想停損也砍不下手了。

長期投資勝率較高

曾經在網路上看到一個股票營業員的留言如下：「我手上約有五百名客戶，在我觀察他們的獲利模式後，發現有99%的獲利客戶，平均都長期持股超過三年」。因此，假如你對於股票投資實在沒有天分，那麼我會建議你選擇較長期的投資策略。

因為過去三十年來，股票市場長期來說是呈現緩升的格局，即使短期內會有重

台灣可投資的ETF指數型基金

商品代碼	商品名稱
0050	台灣50
0051	台灣中型100
0052	FB科技
0053	寶電子
0054	台商50
0055	寶金融
0056	高股息
0057	FB摩台
0058	FB發達
0059	FB金融
0060	新台灣
0061	寶滬深
006203	寶摩臺
006204	豐台灣
006205	FB上證
006207	元上證
006208	FH滬深
0080	FB台50
00663L	國泰台灣加權正2
00675L	FB台灣加權正2

大利空造成崩跌，但是最後還是回到緩升的軌道上，所以若你是選擇要長期投資股市，無論漲跌都不理會時，那麼我會建議不要投資個別股票。

因為個別股票容易跟著當下的流行趨勢漲跌，例如當ＳＡＲＳ來臨時，大家預期ＳＡＲＳ將會造成許多傷亡，所以當時的生技醫療股大漲，但是等到ＳＡＲＳ風暴一過，生技醫療股又跌回原點。

二〇〇七到二〇〇八年時國際油價超過一百美元，當時甚至上看二百美元，結果造成替代能源股大漲，這其中又以太陽類股為上漲主軸，結果後來發現太陽能發電的成本過高，人類還是必須依靠著石油，所以後來太陽能股紛紛崩跌。

所以若投資人無法跟上當下的流行類股，那麼財富就無法隨著時間跟著增長，這時我便會建議投資人選擇投資ＥＴＦ指數股票型基金，ＥＴＦ是一種兼具股票、開放式共同基金及封閉式共同基金特色的金融商品。

投資ＥＴＦ就像投資股票一樣，買賣交易流程就像一般上市上櫃股票簡單，亦兼具基金及股票之優點。

以一個交易即可直接投資一籃子股票，達到分散風險的目的，為投資者提供一個方便、靈活及費用低廉的投資工具，只要投資人定期把閒錢買進，長期下來就能夠累積出一筆不小的財富。

第二篇 section 6

了解風險，再來想利潤

在追逐所謂的「飆股」時，一定要懂得適時停利出場。

在股市這幾年來，發覺每一年的主流股的隔年，這些股票就像是垃圾一樣沒人要，股價走勢好一點的呈現緩跌走勢，悲慘一點的就像自由落體一樣崩跌。

風險至上

有次有位好朋友寄來了一份網路流傳的順口溜，因為寫得太傳神，我特別轉貼如下：

進入股市，者武松進去，肉鬆出來；寶馬進去，自行車出來；皮大衣進去，三點式出來；老闆進去，打工仔出來；鱷魚進去，壁虎出來；蟒蛇進去，蚯蚓出來；老虎進去，小貓出來；別墅進去，草棚出來；站著進去，躺著出來；牽著狗進去，被狗牽出來；坐火箭進去，坐潛艇出來。

這順口溜第一次看到時，會覺得還滿有趣的，但是再反覆讀幾次，就會領悟到股市裡的確充滿了風險。

二〇〇五年～二〇〇六年的主流股

二〇〇五年的油價節節高升，投資人聯想到可以找太陽能來當替代能源，因此以茂迪代表的太陽類股紛紛大漲，但是等到石油油價回跌後，投資人才驚覺到太陽能離替代能源原來還有很長一段距離。

二〇〇六年日本任天堂公司出了Wii遊戲機，用身體互動的遊戲功能，取代了以往用按鈕式的操作。

而原相因為是相關的代工廠商，進而股價也隨著遊戲機大賣而大漲，但是等到其他遊戲廠商推出更好的體感遊戲時，Wii遊戲機銷售急劇下滑，原相股價自然就跟著崩跌。

二〇〇七年～二〇〇八年的主流股

二〇〇七年當時全球股市大好，當許多人有錢沒地方花時，就會想去賭場求刺激，加上台灣正在熱炒在澎湖建立賭場，規模甚至超越澳門，可以帶來的商機數千億，因此當年伍豐等博奕類股，便搭上了那波的飆漲列車。

後來澎湖居民自行舉辦公投，反對當地設立賭場，為博奕類股澆了一盆冷水，伍豐股價開始向下滑落，到了二〇〇八年

2006年飆股——原相月線圖

圖片來源：永豐金e-Leader

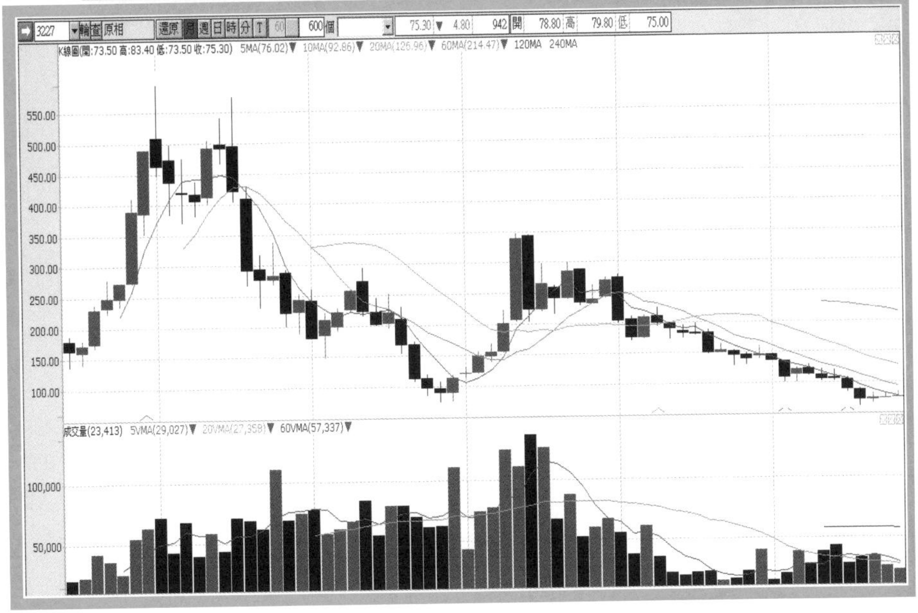

2005年飆股——茂迪月線圖

圖片來源：永豐金e-Leader

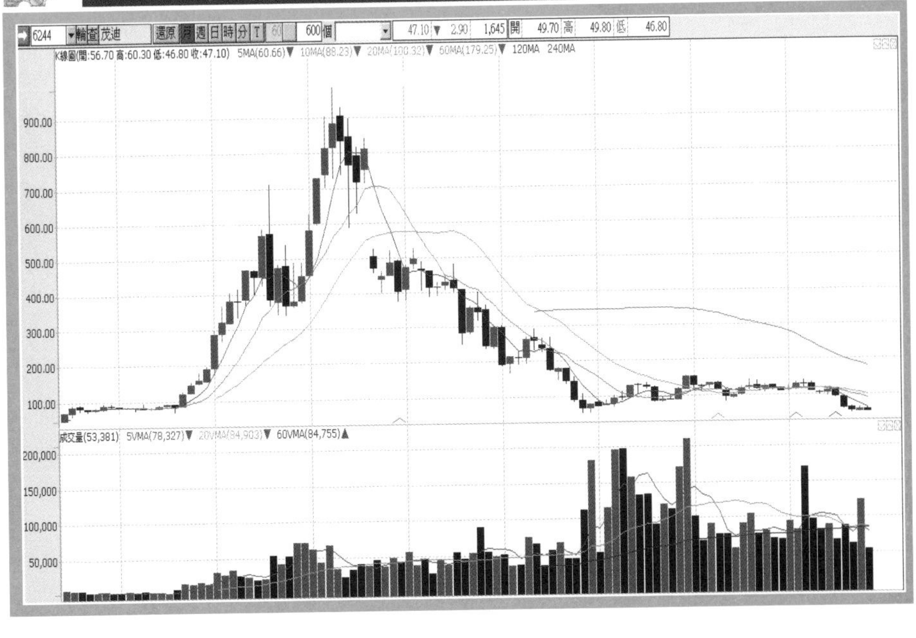

美國金融海嘯發生，全球股市大跌，有錢人的錢變少了，自然也會減少去賭場消費，因此至此伍豐的股價宣告「回不去了」，開始往下崩跌，台灣的博奕夢也正式醒來。

二〇〇七年底至二〇〇八年是美國金融海嘯的爆發年，台股從九八五九點崩跌至三九五五點，所有的股票腰斬再腰斬，在這種大空頭的行情中，唯有一些小型股容易可以受到主力的拉抬，逆勢走出一段波段行情。

川飛即是在這樣的背景中，在99%的股票都在下跌時，川飛從十元飆漲至二十元，但等到金融海嘯後，川飛主力也跟著退場，股價不只回到原點，反而更往下探，因此像這種主力小型股，投資人寧可少賺也不要多賠。

二〇〇九年～二〇一〇年的主流股

二〇〇九年台北股市剛剛脫離前一年的金融海嘯，許多投資人都驚魂未定，不敢出門消費，只敢在家上網玩遊戲，結果造就了遊戲股網龍的飆漲。

二〇一〇年初，全球股市擺脫金融海嘯的陰霾，許多股票開始展開大波段的上漲行情，這當中，由於中國大陸的經濟崛起，人民消費力強，而生活必需品便是人民首要採買的商品，因此相關的中概通路股便有想像題材。

潤泰全在大陸的大潤發總是人山人

2007年飆股——伍豐月線圖

圖片來源：永豐金e-Leader

2008年飆股——川飛月線圖

圖片來源：永豐金e-Leader

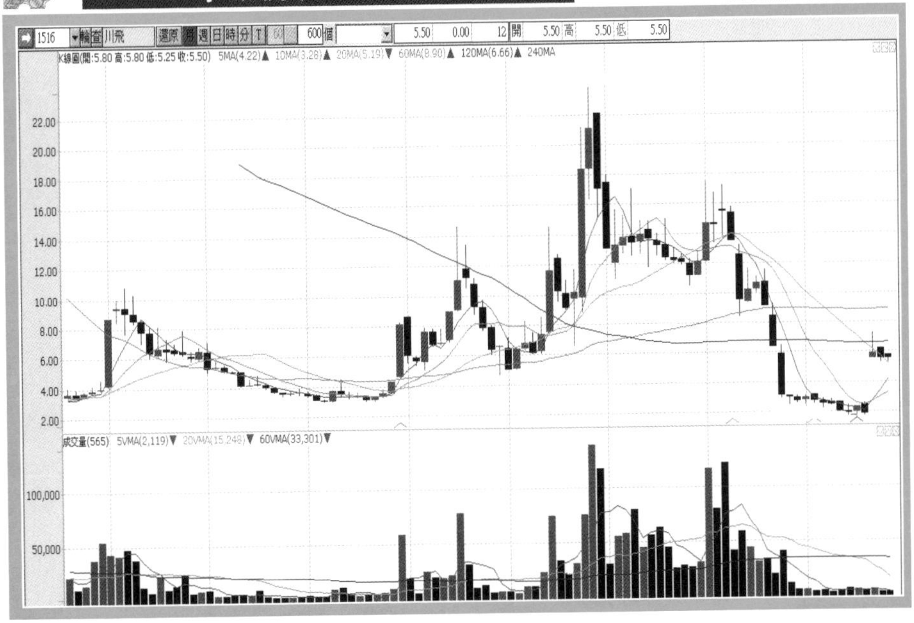

海，而且加上報章媒體的推波助欄，也讓廣大的散戶們認同，因此股價可以從十幾元，一路大漲至一百多元，但是當潤泰全股價突破百元時，基本面的營收和獲利卻沒跟上。

造成潤泰全超高的本益比，投資人開始驚醒到，潤泰全的價格有可能被高估了，而從二〇一〇年下半年開始，大陸股市開始疲弱，隨後的歐債問題也開始發酵，因此潤泰全的股價也開始崩落了。

大家在追逐所謂的「飆股」時，一定要懂得適時停利出場，以免在高檔被套牢後，從此就只能看著股價一路溜滑梯往下崩跌。

投資小叮嚀

若選擇在長期投資股市中，無論漲跌都不理會時，那麼我會建議不要投資個別股票。

2009年飆股——網龍月線圖

圖片來源：永豐金e-Leader

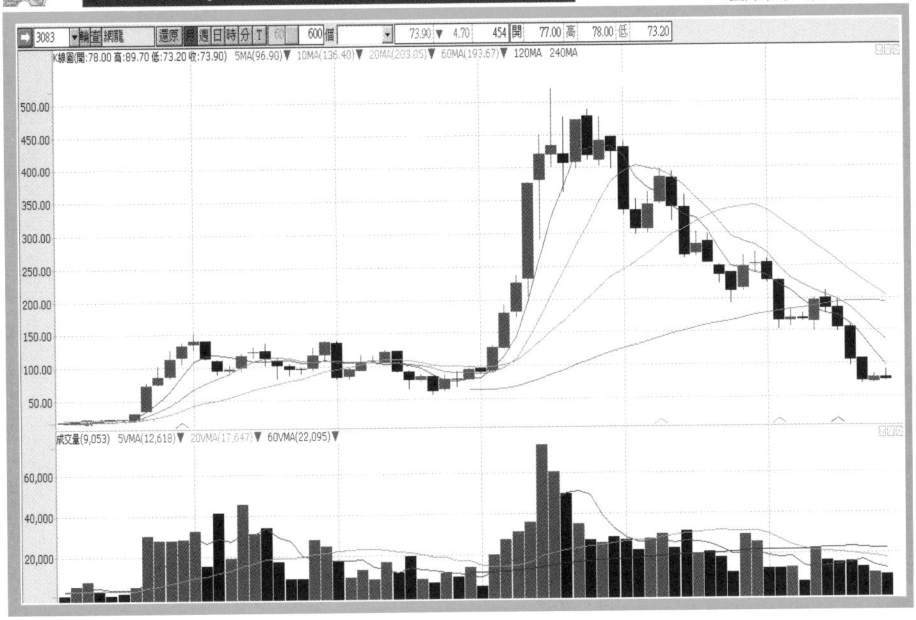

2010年飆股——潤泰全月線圖

圖片來源：永豐金e-Leader

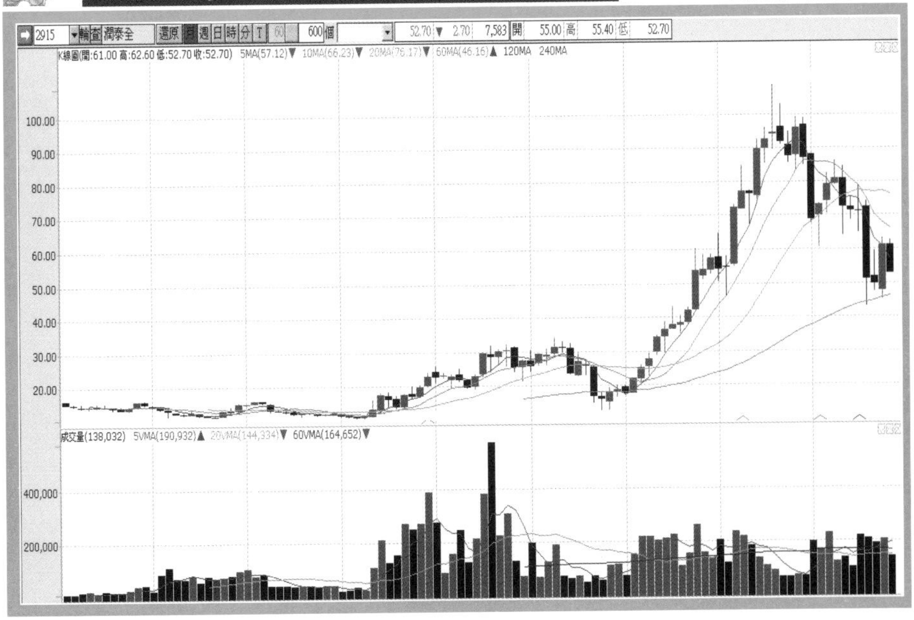

MEMO

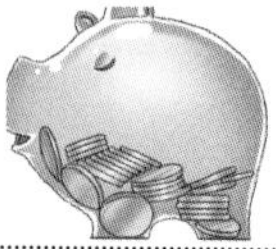

Part 3

從股海勝出

投資人所應該要做的事，就是去看看現在股市裏流行什麼、資金往那裏去？

第三篇 section 1

買主流，抱波段

買主流、抱波段，把賺錢當習慣。

投資股票的第一步，並不是先去找股票的技術指標或型態告訴你是否出現買進訊號，或是當你看到報紙上工作這家公司的基本面良好，你就進場買進這家公司的股票。

事實上，股票市場上對於那支股票會漲，那支股票會跌，並沒有一致的看法，常常當外資買超的時候，自營商卻賣超；當外資大買聯電的時候，投信和自營商卻大賣聯電；低本益比的股票不會漲，但高本益比的股票卻一直漲停。

供需法則

所以我們可以得知，沒有人能夠大膽地說那一支股票會漲，但是我們發現，當市場資金移往生技類股時，許多投顧、老師、第四台就會告訴你生技類股的股票會漲，這是因為有資金行情的關係。經濟學的供需法則告訴我們，當大多數人都要買某一個商品的時候，這個商品的價格就會升高。買股票當然也是同樣的道理，當資金移往生技類股，表示大家都要買生技類股的股票，這些股票當然就會上漲。

找到主流股

但當投資人進場買股票時，投資人根本無從選起，因為我們無法知道市場上將會流行什麼？甚至有時連三大法人及主力都不清楚股市將會流行什麼了，因此你千萬不要自作聰明，自己去預設立場什麼股票可以買。

當然，你可能會說你認為這家公司的財務報表很好看，或是這家公司股價RSI已經達到超賣區，或是這家公司的資產雄厚，股價被低估等等因素，所以股票價格準備往上攻了，因此你便先入為主地認為找到飆股了，只要持有這檔股票，未來將會大漲。

如果你是這麼想的，那你就錯了，因為大部分的股價都是人為炒作出來的，沒有資金的堆砌，股價就不可能會上漲，即使這家公司基本面多良好，卻無法保證這家公司的股價會漲，即使技術指標已達超賣區，我們也無法斷定股價會不會上攻，只能說股價下跌空間有限。

當外資率先領軍全力買進金融類股、把資金悒注在金融類股上時，其他投資人都會看到外資都在買金融類股，因此便會認為外資看好金融股，於是大家便也開始介入金融類股。只要買盤全都蜂擁而至的時候，金融類股不漲也難。等到金融類股漲幅已大，介入風險愈來愈高的時候，就會稍微回檔整理。

大盤於是可能就此進入盤整的階段。但是你知道那一類股又會異軍突起嗎？當然不知道，因為根本沒有人曉得誰會帶頭再漲。

可是，若在這個時候，投信開始大買觀光類股，則大家又看到有大量的資金往觀光類股移動，就會認為觀光類股後市看好，於是市場其他投資人就會把資金轉移到觀光類股去，因為有買盤，所以觀光類股的股價就直直上漲，就這樣，資金輪動的行情便一直持續下去。

但你可以發現，帶頭介入某類股的多頭勢力，並不是真的一開始就認為這類股應該會漲而介入的，而是希望在他們的率先介入之下，市場其他投資人的資金也能夠跟進來，促使該類股上揚，因為只要買盤源源不斷地湧進這一類股，股價自然呈現大多頭，技術指標也自然黃金交叉，報章雜誌更會開始大力吹捧這些類股的利多消息。

買主流、抱波段，把賺錢當習慣

我並不是要投資人不要在乎股票的基本面和技術面，而是我看到有太多人因為太在乎基本面和技術面，反而忽略了股市資金的流向，既然如此，我們就應該把基本分析和技術分析先擺一旁，投資人所應該要做的事，就是去看看現在股市裏流行什麼、資金往那裏去？如果說資金多往電子類股去，那電子類股便是你要買進的標的；如果說資金多往金融類股去，那你也就往金融類股去選股。

我在股市多年，悟出了一句話：「買主流、抱波段，把賺錢當習慣。」這句話即是要跟著主流股投資，你才能越快從股市賺到錢，只要你是在大盤行情從底部回升之初期買進主流股，若此波大盤的上攻是屬於大多頭格局，則你的獲利空間會有50％到一倍之間；如果大盤此次上揚是屬於回升波，至少你也會有30％～50％之間的獲利。

當然，如果主流類股漲幅已經很大，你再跳入可能風險就會很高，此時你也不須衝動地介入，不妨先看看市場上資金有沒有變化。

如果你發現資金有從原先的金融類股轉移到水泥類股的跡象，則下一波的主流類股就很有可能落在紡織類股上，這時你就趕快先介入水泥類股擇股低進，等到追價的資金紛紛移到水泥類股來，你就能夠享受被別人擡轎的飆漲滋味了。

由於沒有人知道何種股票或類股是下一波最會漲的股票，但是你卻可以知道，市場資金現在往那個方向去，如果說資金都移往電子類股去，買氣進入股價自然有所表現，那你還等什麼，當然趕快去搶電子類股了，當原本推升電子類股的資金逐漸散去的時候，你就要趕快賣出。

第三篇 section 2

看懂法人的手法

三大法人包括外資、投信與自營商。

股市其實是個爾虞我詐的市場，只要散戶買賣的方向和策略被法人所預料到，散戶就注定被法人所吃定。

目前在股市裏以各種技術分析的方法來買賣股票的人愈來愈多，但是我們發現，很多投資人雖然很會看線型，很會看技術指標，更會研究財務報表，但是真正能在股海中賺錢的沒有幾人。

三大法人的把戲

這是因為如果你以技術分析的方式看到某支股票可能會漲，那其他人用同樣的方法也能得出這樣的結論。

試問，大家都認為股票可能會漲，造成大家一窩蜂地買進，這時你反而可能落入主力大戶的圈套之中；市場上若是股本較小的股票，背後或多或少都有主力大戶在炒作，則股價的技術線路圖事實上就是主力大戶所設計出來的。

他們看準了專看技術線型的投資人在看到股價突破壓力區後會買進股票，於是就作價讓股價突破壓力區，以誘使投資人大量買進，但事實上主力大戶便趁機出貨給投資人，等到股票背後沒有人來拉抬時，股價就會開始重挫，被套牢的便是這些只看技術分析的投資人。

之前我們曾經提過，大盤在回檔整理的時候，沒有人能夠正確地知道下一波主流將會在那一類股或個股上，但是三大法人總希望當他們在拉抬某類股或個股的時候，能夠吸引市場買盤加入，如果市場追價買盤源源不斷，則這一類股或個股就有可能成為下一波帶動大盤回升行情的主流。事實上，三大法人包括外資、投信與自營商，與市場主力炒作股票的手法幾乎相同，都是必須要先吃貨、作價，最後再出貨獲利了結。

照理說，三大法人是專業的投資機構，如果他們用所謂的基本分析、技術分析來研究股票，則他們對誰是市場上最會漲、最值得買進的股票，看法應該會一致。但是為什麼我們每天從三大法人的買進股票前二十名來看，卻經常有極大的差異呢？這就是因為公司派與三大法人之間糾扯不清、利益交換的內幕消息了。

利益交換的動作不斷

假設某家公司目前股價五十元，股票發行共十億股（一百萬張），公司某位大股東本身握20%，共二十億股（二十萬張），現在這位公司大股東和外資接觸，要外資在市場買進十萬張該公司的股票，然後這位大股東每股退佣給外資十元。也就是說，當外資在市場上敲進十萬張股票，這位大股東總共就必須付給外資十億元。

這位大股東雖然要付給外資十億元來作為讓外資買進公司股票十萬張的代價，但是當市場上看到外資大買該公司股票的時候，投資人也跟進搶買該公司的股票呢？如此一來，公司股價自然上漲，十億元轉眼間就賺回口袋了。

況且，由於外資拿了這位大股東的錢，就要負責炒作公司的股票，因為外資本身也持有了大量的股票，這時外資可能就會放出許多利多消息，例如向外界表示外資是一致看好該公司未來前景因而大買公司股票等等的消息，再加上外資不斷地買超，就會誘使市場上其他人跟著一窩蜂追價搶進，於是股價便會大漲。

假設公司股票從原來的五十元上漲到六十元，則這位大股東本身因為握有二十萬張股票，因此他在帳面上便獲利二十億元，扣除給外資的十億元回扣，這位大股東還賺十億元，這就是公司派大股東和外資利益交換的標準範本。

當然，公司派和自營商也可能會這麼做，如果再加上公司大股東和自營商本身就有關連，如果公司出問題的話，這家自營商很可能就會淪為公司大股東出貨的物件。

至於投信，利益交換的方式，可能是投信買進公司的股票，而公司要買進投信的基金，至於拉抬股價的方式，則都大同小異。

有時候當一家公司出現財務危機變成地雷股時，你若從報章雜誌上看到有投信旗下基金因大抱該地雷股而損失慘重的報導，就是這種情況。

散戶自救策略

由於股市的黑箱作業嚴重，許多公司股票都是用人為炒作上去的，這時去看財務報表或研究技術分析根本沒什麼用。

因為只要是人為刻意拉抬股價，即使ＫＤ高達九十、本益比達一百倍以上，股價還是照樣飆；只要人為刻意沙盤，即使ＲＳＩ跌倒五、本益比不足五，股價還是繼續每天跌停。那麼，散戶要如何自救呢？簡單來說，散戶只能以下三種選擇：

第一：在主力大戶、法人在進貨的時候，散戶也趕快跳上車；當主力大戶、法人有出貨的跡象時，散戶也要毫不猶豫反手殺出，這樣投資人才能持盈保泰，而且不斷獲利。

第二：只買超大型股本的股票，這些股票雖然牛皮，但是因為股本大籌碼分散，要炒作起來的難度較高。

第三：只投資指數型基金，也就是俗稱的ＥＴＦ，指數型基金由於涵蓋了許多種股票，根本就無法炒作，因此相對的基本分析和技術分析在ＥＴＦ的投資操作上就可以善加應用。

由於公司派與三大法人的利益交換和檯面下動作每天不斷上演，但是散戶大眾卻無法得知這種情況，等到股價出現異常的的時候，倒楣的永遠是散戶。

因此我們一定要牢記以上三種策略，才能在股海裡持盈保泰。

投資小叮嚀

散戶買賣的方向和策略被法人所預料到，散戶就注定被法人所吃定。

第三篇 section 3

如何提升看盤功力

股票投資人對於技術分析也需要有起碼的認識。

許多投資人進出股市，不是以投票投資專家或投顧的建議為依歸，就是自己勤做功課，以自己的有限知識進出股市。

這一類的人有絕大多數是以時下最流行的技術分析技巧為基礎，以圖形或指標所帶來的訊息來決定買點與賣點。

可是，我們卻常發現，很多投資人雖然不斷精研各種股價技術分析的理論與操作方法，但是在股市交易中的贏家卻不多，甚至長期投資下來仍賺少賠多。

以趨勢為優先

難道所謂的技術分析工具不管用了嗎？那倒也未必，但是投資人必須要知道，技術分析中的圖形分析與指標轉折，都是行情與個股漲跌的表現，也就是當股價上漲之後，KD的數值就變動到那裏；或當股價下跌之後，MACD的數值就變動到那裏。但即使如此，我不建議投資人完全揚棄技術分析。

相對地，股票投資人對於技術分析也需要有起碼的認識，也不妨做為解讀盤面的依據就好了，本書也會專門有一章節來介紹技術分析。

要提升對於股票買賣的獲利，最重要的還是在看盤的技巧之上，因為技術分析是死的，但是行情趨勢卻是活的，如果你只憑死板板的技術分析方法來應戰，絕對無法達到熟能生巧隨機應變的高深境界。

因此，底下我們就要告訴各位投資人如何先掌握趨勢，再來掌握那些股票是可以進場買進的標的。

如何判斷大盤

基本上，要判斷大盤是否已經見到底部，你可以朝以下兩個方向來看：

一、看看弱勢股有沒有止跌回穩。

二、逆勢抗跌的股票有沒有率先上漲。當大盤處於下跌的走勢時，如果原先帶領大盤下跌的股票開始止跌回穩，而且盤面上逆勢抗跌的股票率先展開強勢行情時，大盤的底部即將形成，下檔的空間有限。

因此，當大盤經過一段長時間的下跌，整個市況處於低迷的氣氛時，盤面若出現原本主導類股下挫的空頭指標股，開始率先顯現出抗跌性，甚至逆勢上揚。

或者是傳統大型績優股已有止跌回升的徵兆；或者某些具有投機性的個股開始發動攻擊走勢等等的現象時，這些都可能是大盤跌到穀底的訊號，行情將有可能反空為多，所以人可以準備逢低擇股買進，千萬不可再盲目做出追殺動作。

如果說，強勢個股能夠帶動同一類股或同一屬性的股票同時跟隨上漲，而且之後股價都能續強的話，則此次大盤的止跌上漲就是屬於波段的回升行情，而帶動大盤揚升的強勢股就是大盤指標。

若盤面上如果沒有出現新的強勢類股出來接棒時，則大盤的波段回升行情也將告結束，投資人宜採取逢高減碼的動作。但是，當第一波帶動大盤攀升的強勢指標股回檔休息時，如果盤面上出現另外新的一批強勢個股或類股浮出臺面的話，此處輪漲行情又將會帶動大盤繼續上揚。

大盤回升時鎖定兩種股票

當大盤即將築底完成，準備發動回升的大多頭行情時，你只要能夠正確判斷出誰是帶領大盤漲升的大盤指標，以及誰是最有可能的投機指標，搶進之後，獲利至少會在一〇〇%以上。

「大盤指標」，是指在大盤從底部回升時，充當火車頭帶領大盤從谷底爬升的個股或類股，這類型的股票多以大型龍頭股居多，你只要能買進這些大盤指標的類股，即使在牛皮的股票，獲利起碼在30%以上。

所謂的「投機指標」的股票，這種股票通常不會是大型股，但絕對是小型的強勢股，在大盤築底即將完成的時候，它就已經在伺機蘊釀一波漲升行情了，這種小型股，經常比大盤指標更早翻紅，即使晚一點上漲，但是漲幅卻經常後發先至，幅度至少在一百%以上，也就是我們所謂的黑馬股或飆股。

投資小叮嚀

要判斷大盤是否已經見到底部，你可以朝以下兩個方向來看：

一、看看弱勢股有沒有止跌回穩。

二、逆勢抗跌的股票有沒有率先上漲。

Part 4

技術分析的基本功

當你預期公司的基本面良好，就應先買進。相對地，
若預期公司的基本面無法支持，就應先行賣出。

第四篇 section 1

股市技術分析

不同的公司，會有「狀況不明顯的線形圖」。

股市投資時，必須預測未來的股價，並判斷現在是否為「買進」、「賣出」或是「休息」的時機。只是沒有人知道股價到底會上漲到哪裡？或跌到哪裡？我們更需要能預測未來股價動向的工具。

甚麼是「技術分析」？

股市投資的成功祕訣，是「找到好標的」、「在很便宜的時點買進」、「確實賣出」。能發現這三個祕訣的工具，就是「技術分析」。

在新聞等應該可以常常聽到像「今天大盤收盤在XXXX點，跟昨日相比上漲了一百點」。

因此，若我們將每一天、每星期和每個月等的股價做成圖表，讓股價動態一目瞭然的成果就是技術分析了。觀察技術分

矽品月線圖／圖1

圖片來源：永豐金e-Leader

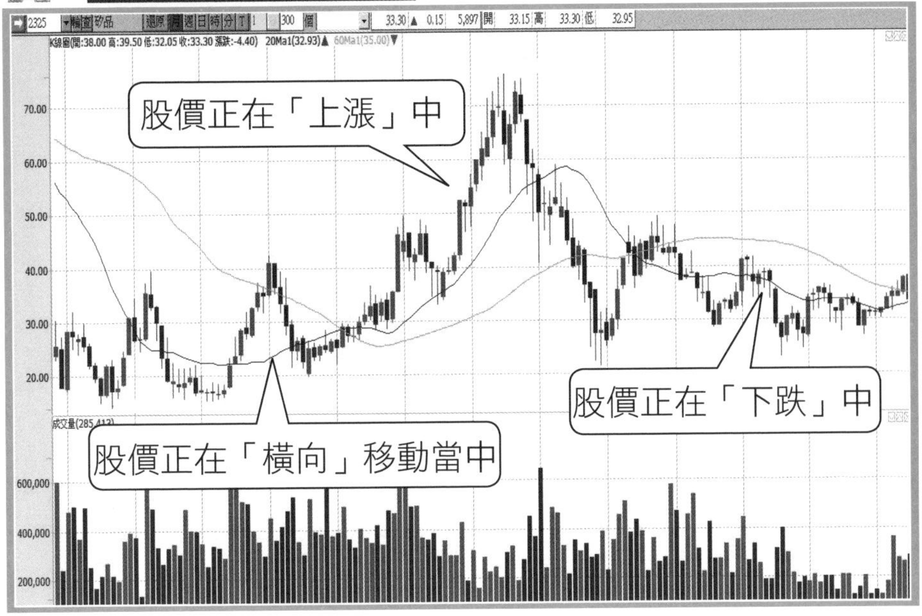

析的形態，就可以發現股價在進行「上漲中」、「下跌中」、「狹幅震盪」的動作。以下就是技術分析的例子（圖1）。技術分析就是將股價圖表化的工具。在技術分析當中，我們可以讀取「股價的動向和規律」、和趨勢的「方向」等資訊。

觀察技術分析時的注意點

在運用技術分析時，還有些地方需要注意。因為不同的公司，會有「狀況不明顯的線形圖」和「狀況很明顯的線形圖」的區分。

從過去的線形圖來預測未來技術分析動向時，也會受到股票市場和企業面對大環境的過去與現在不同，即便做出預測，成立的可能性卻也不高。忽略上漲、下跌不明顯公司的股價技術分析，只有投資則容易預測出未來、具有「狀況很明顯線形圖」的公司。

也就是說，隨時謹記並不需要完全瞭解所有公司的買進或賣出時機，只有在完全「吻合」線形時才考慮行動。股價表現了投資者的各種思慮與行動結果。然後將股價圖形化，用來學會『投資者會如何考慮、如何行動』的工具就是技術分析。

瞭解技術分析，「增強看技術分析功力」是通往成功者道路的第一步。隨著一個一個知識的增加，讓自己成為「不會輸的投資者」！

投資小叮嚀

股市投資的成功秘訣，是「找到好標的」、「在很便宜的時點買進」、「確實賣出」。能發現這三個秘訣的工具，就是「技術分析」

第四篇 section 2

技術分析的3大優點

觀看技術分析，就能對投資者在每個時點是如何做出買賣決定有所瞭解。

在股價的變動中，不只可以反映出「與過去相比業績變好了」或「開發了新技術」的企業業績和未來發展性，還有像「因為選舉結果可能會造成政策的改變」、「開放觀光讓景氣好轉」這些與當時政治及經濟的動向等等不同的因素。

透過觀察反映這些因素的股價變動技術分析，投資者能一一思考「接下來股價或許會上漲」，或做出「股價已經差不多到高點了，再來可能會下跌」的判斷。當相同的股價變動線形出現在技術分析上時，跟著可以預測投資者應該也會這樣想。

如此一來，技術分析便展現了「投資者的市場觀＝投資者心理」。所以，觀看技術分析，就能對投資者在每個時點是如何做出買賣決定有所瞭解。

優點一：在便宜時買進

想讓股票投資產生獲利，就要在「便宜時買進，高點時賣出」。所以更要從技術分析當中找到「撿便宜的時機」。觀看技術分析，可以找出過往多少次股價下跌並止跌的價位程度。

只要能等到股價跌至這樣程度的時機，就可以在接近最便宜「底價」的「撿便宜時機」買進股票。總之，在找出「股價下跌並止跌的精準時機」方面，就是看技術分析可所獲得的一大優點。

優點二：避免高檔買進

在股票投資獲利「便宜時買進，高點時賣出」的方法之中，最不應該的行動就是「買在高點」。觀看技術分析，就可以了解股價目前是處於「尚未出現漲勢」、或「已經大漲過後」還是「上漲途中」？也就是說，經由技術分析就能「防止在高點買進的失敗之舉」了。

優點三：避免錯過賣出的機會

購買股票後，不管股價上漲多高，只要沒賣出都不算獲利。當股價上漲後，雖然已經可以看到相當大的獲利出現。

但若是抱著「應該還會再漲！」的心態，沒有立即賣出。結果，當股價開始下跌就會因此感到後悔。不論有多少次想到「那個時候賣出的話就賺大錢！」而深感後悔，一旦買入股票，要到確實賣出股票後才有獲利可言。

南亞日線圖

圖片來源：永豐金e-Leader

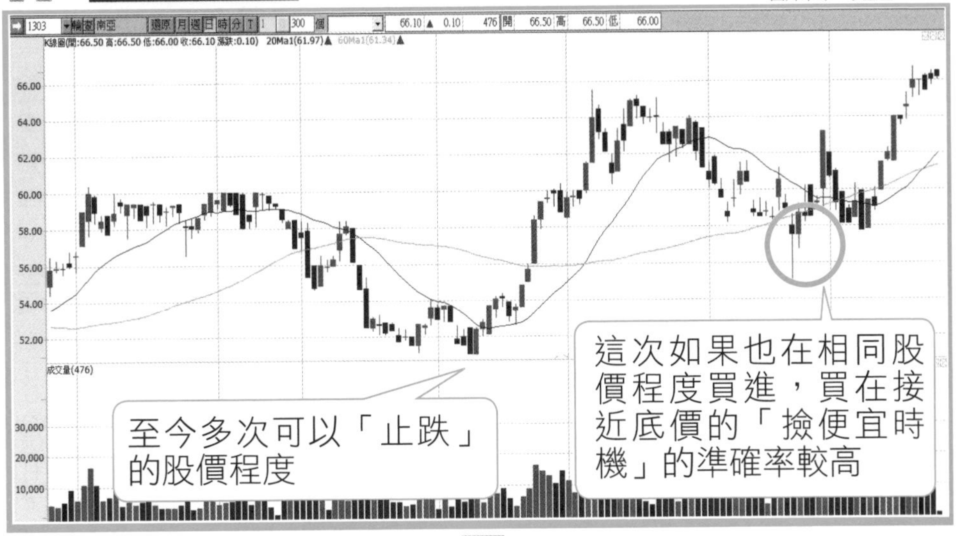
至今多次可以「止跌」的股價程度
這次如果也在相同股價程度買進，買在接近底價的「撿便宜時機」的準確率較高

優點（1）可以在接近底價的「撿便宜時機」買進！

南亞日線圖

圖片來源：永豐金e-Leader

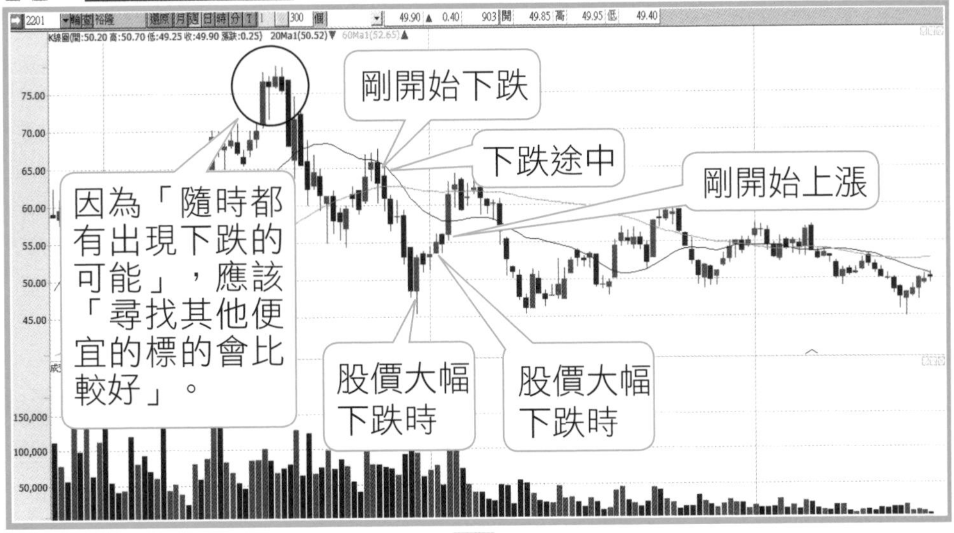
剛開始下跌
下跌途中
剛開始上漲
因為「隨時都有出現下跌的可能」，應該「尋找其他便宜的標的會比較好」。
股價大幅下跌時
股價大幅下跌時

優點（2）可以做到「防止高價買進的失敗舉動」！

從技術分析當中，可以看出在上漲時「經常保持上漲20％的漲勢」、或「大概已經上漲三十天了」的股價動態，因此也能『避免錯過賣出時機』。

投資小叮嚀

投資者的市場觀＝投資者心理。

第四篇 section 3

從K線來瞭解投資者心理

由K線的形狀來看，通常可以推測出「投資者在想些什麼？」

技術分析就是將股價變成圖形化，顯示出投資者如何思考、如何行動的工具，而在市場上最常被使用的技術分析就是「K線圖分析」。現在，讓我們一起來瞭解「K線」的基本，並在股票投資當中學會活用股價技術分析吧。

甚麼是「K線」？

股價每天都會出現變動，將一定期間內（一天或一週、一個月內等）的股價變動，用白色與黑色棒來表示的就是「K線」。

因為這個形狀也跟點燃的蠟燭很像，從這個形狀可以看出「股價會如何變動」，藉此了解股價的足跡，所以也被稱為「蠟燭圖」。

K線棒是由下面四種股價所構成。

開盤價（開始的價位）：當日或當週開盤時最先出現的成交價。

收盤價（結束的價位）：當日或當週收盤時最後出現的成交價。

最高價（第一高價）：當日或當週交易時出現的最高成交價。

最低價（第一低價）：當日或當週交易時出現的最低成交價。

利用一天當中股價變動而製作的K線，稱為「日K」。在一週、一個月、一年等固定期間中，使用各個期間內的開盤、最高、最低和收盤的價位，就可以畫出「週K」、「月K」、「年K」的K線。

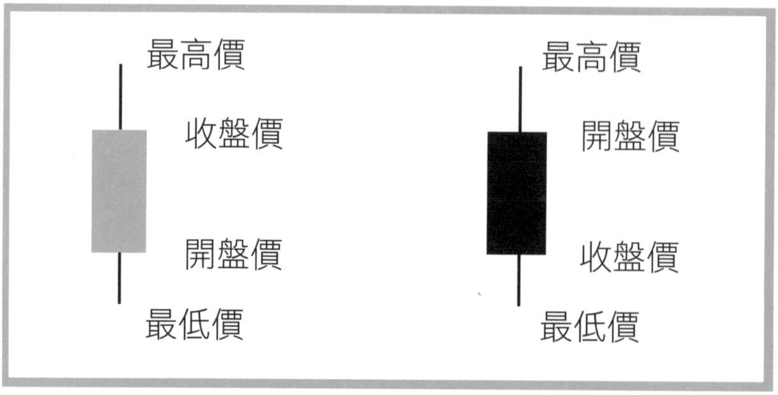

接下來要介紹繪製K線的方法。

K線的主體，分成白色的「陽線」和黑色的「陰線」兩種。

・收盤價比開盤價高時稱為「陽線」

・收盤價比開盤價低時稱為「陰線」

用不同的顏色來區分，將當天或當周的開盤價和收盤價互相比較，很清楚就可以看出上漲或下跌的結果，接著，將最高價位與主體用一條直線連結，稱為「上影線」，用另一條直線把最低價位與主體連結出「下影線」。

K線各部位的稱呼方式

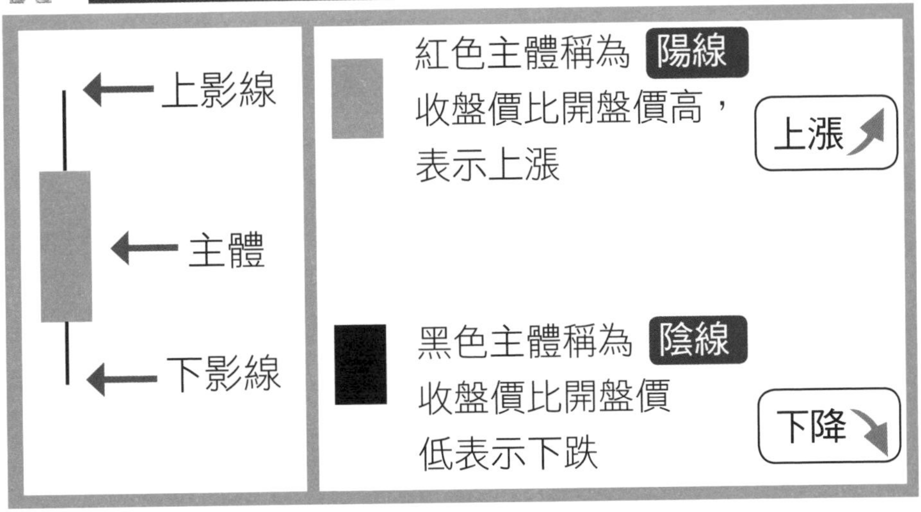

顯示「投資者的心理」

「開盤價」是投資者在謹慎考慮下產生的股價，「收盤價」是經過價格變動後出現的結果，所以K線主體就是投資者在冷靜思慮下，造成股價變動的顯示。

例如，受到某新聞報導「接下來股價可能會上漲」而投入資金的投資者增加，造成股價急速上漲。

之後卻因為消息內容不如何重要而讓股價下滑，像這樣的動態就會顯現在影線當中。隨著造成股價上漲下跌衝擊的大小，和對實際股價的影響力差異則會愈大，影線的長度愈長。也就是說，『影線即投資者心情受到動搖與焦慮時造成股價變化』的事實。

推測投資者的思慮和接下來的行動

由K線的形狀來看，通常可以推測出「投資者在想些什麼？」接著，在瞭解投資者的思慮後，就能對「投資者接下來採取的行動（＝股價會如何變動）」來進行預測。

下面列舉出數個代表性的K線形狀，並請從投資者心裡來發想當出現這種K線時，投資者通常會做出什麼樣的考量？

K線（請牢記這些即可）

❶不算特別的普通K線型

以當日最低價開盤，上漲之後又下跌作收的「K線」。

對「股價」大幅上漲感到不安的投資者，因預設「可能會下跌」的不安而先行賣出股票的普通K線型。

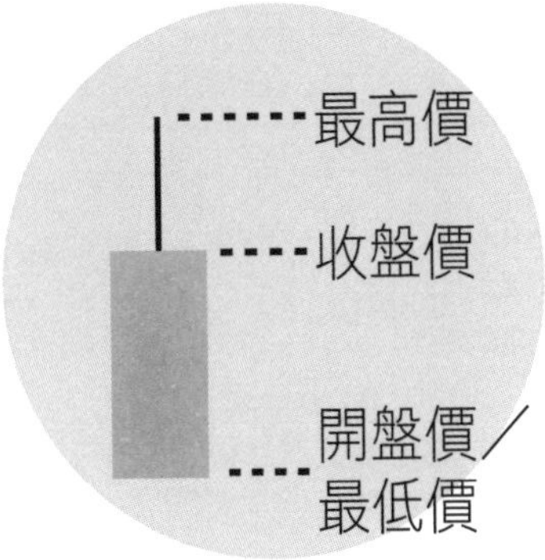

❷股價下跌時出現的普通K線型

以最高價開盤之後，大幅下跌，又以些許上漲價位作收的「K線」。

這是在「股價」大幅下滑後，許多投資者對明日股價有所期待而買進的常見線型。

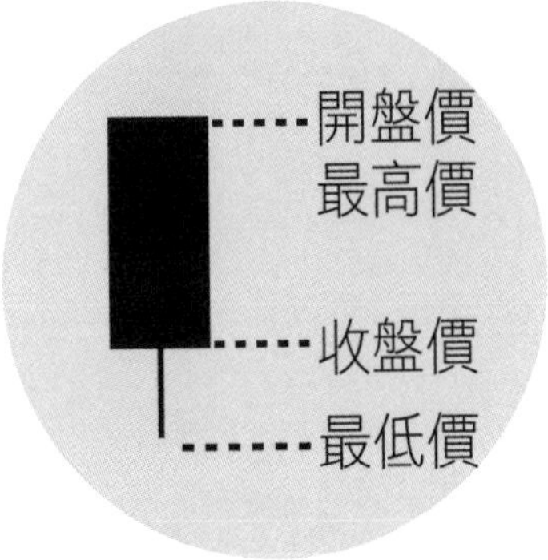

❸上漲後若出現先行下跌的K線型要注意

股價上漲之後，為獲得利潤而賣出。看見這個現象的其他投資者也追著殺出，便形成這種大幅下滑的「K線」。

通常在上漲期間出現這種先行下跌的線型時，就要「特別注意」。

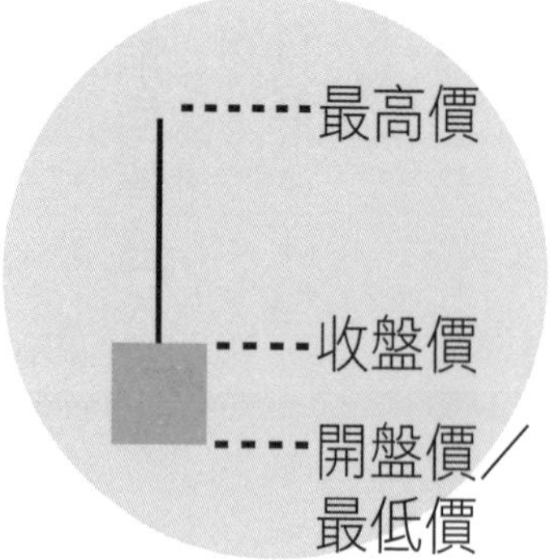

❹下跌之後出現的這種K線型要留意

從一開始的下跌轉為上漲，甚至比「開盤價」還高價位作收的「K線」。

這是在股價大幅下跌之後常見的狀況，此時買方的力量較強，因此更需要「留意」這種「預期上漲的K線」。

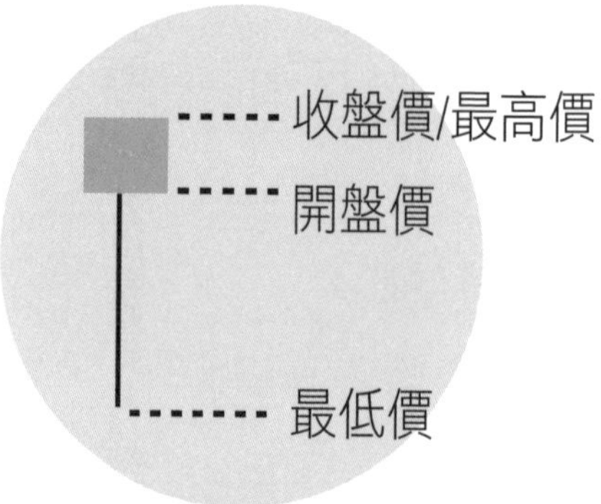

❺ 無法作為判斷參考的K線型

這是在「開盤價」之後就下跌，接著因為上漲又以下跌作收，或在「開盤價」後上漲，大幅下跌又再上漲，最後以微幅下跌價位作收的「K線」。其實對於投資判斷的參考並不大。

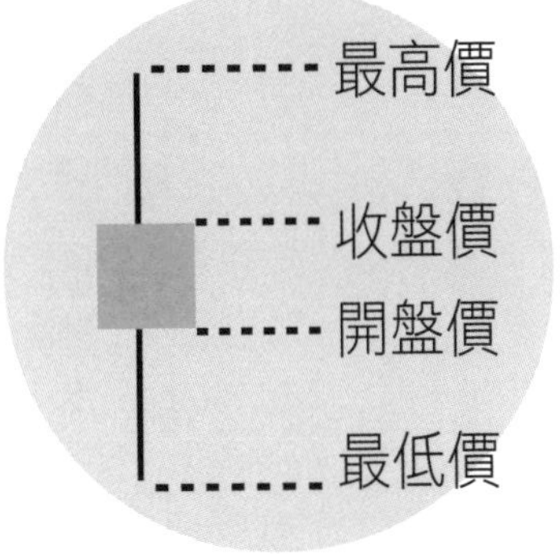

❻ 接下來的下跌可能性大意

❸的「陰線」版本「K線」。雖然在陽線中出現最高價後又下跌的機率也很高，但是在陰線中，從「開盤價」往下跌之後再下跌的機率的確相當高。

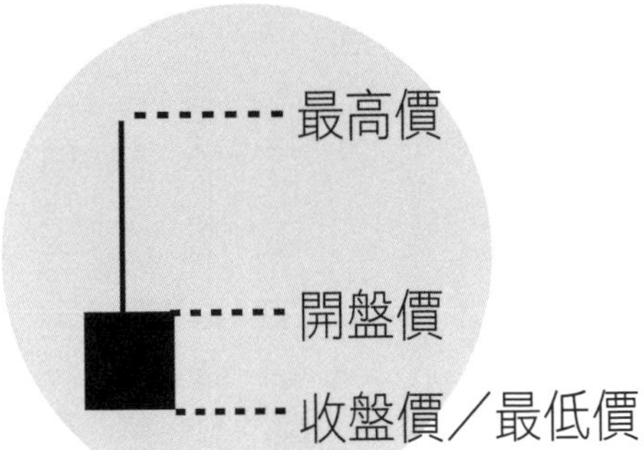

❼ 值得留意但是力量微弱

❹的「陰線」版本K線。比陽線的賣壓更強，所以變成了陰線，也可以說力量較弱。

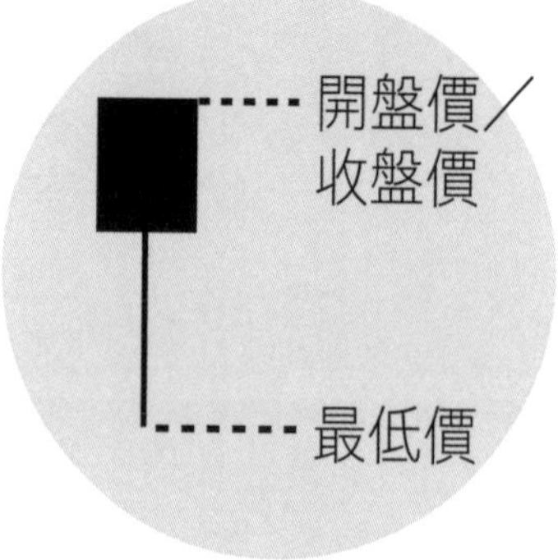

❽ 接著上漲的可能性大

❶的形式，但是完全沒有影線的陽線（大陽線）。表示所有的賣單都被買進，造成價位繼續上漲，也確立接下來還會繼續上漲。尤其是在股市初期出現時，再上漲的機率更高。

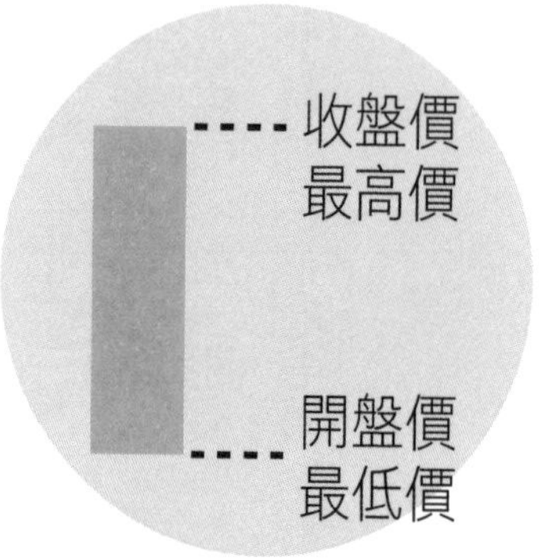

⑨高價位區出現的長上影線很危險

❹與「開盤價」拉出大距離，「上影線」和「下影線」出現了天國與地獄的差別。

高價位區有長上影線的「K線」出現，是非常危險的局勢，而在低價位區出現長下影線卻是機會。

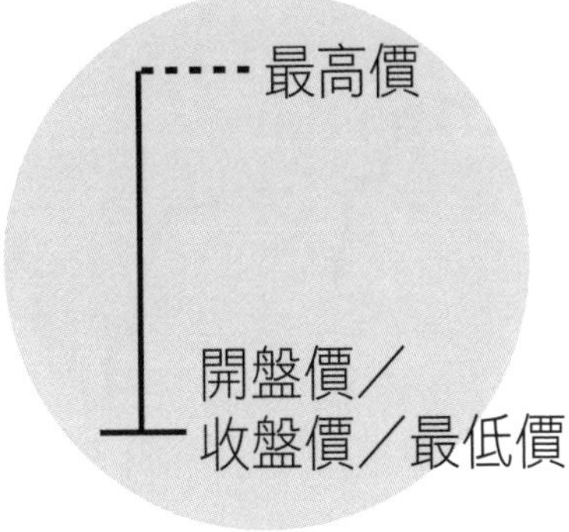

⑩哪一個優先比較重要

上漲後出現下跌，接著又回到原點的是「良好V線」，若由下跌開始上漲，之後又下跌的則是「不良V線」。從低價位區往上，從高價位區往下是其特徵。

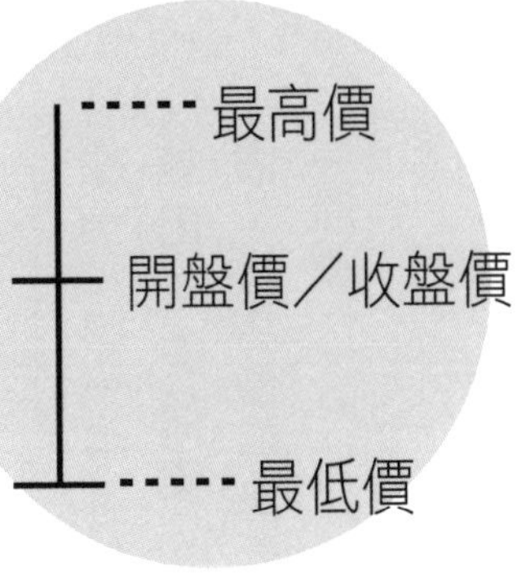

F美食週線圖

圖片來源：永豐金e-Leader

投資小叮嚀

・從「K線」中可以立即看出：開盤價、收盤價、最高價與最低價的「股價」。

・「K線」可以研判出投資者的心理。

・「K線的主體」，表現出投資者在冷靜判斷下產生的股價變動。

・「K線的影線」，表示了投資者心情到動搖與焦慮時造成的股價變動。

第四篇 section 4

日K、週K和月K

根據「在技術分析中要確認什麼？」的目的不同，使用的技術分析種類也不同。

K技術分析期間的決定，做長時間的技術分析可以表達長期的股價動向，作短時間的技術分析可以表現短期的股價變動。

不過，若是將一年份的K線棒集結起來的話，就能看出「十月左右股價是上漲、九月左右股價是下跌」的形態。所以「月K」技術分析適合做為觀察幾年間、數十年間的長期單位圖形。

因應不同的目的

把一個月內的開盤價，收盤價，最高價和最低價以一根K棒表示的「月K圖」，並無法看出每天細節價位的變動。

「月K」技術分析可以看出較大區間單位內的股價動向，但是碰到實際買賣股票時，「股價是處在往上漲、還是往下跌的趨勢呢？」「現在股價算高、還是算便

台北股市2013年2月至7月的價位K線圖

圖片來源：永豐金e-Leader

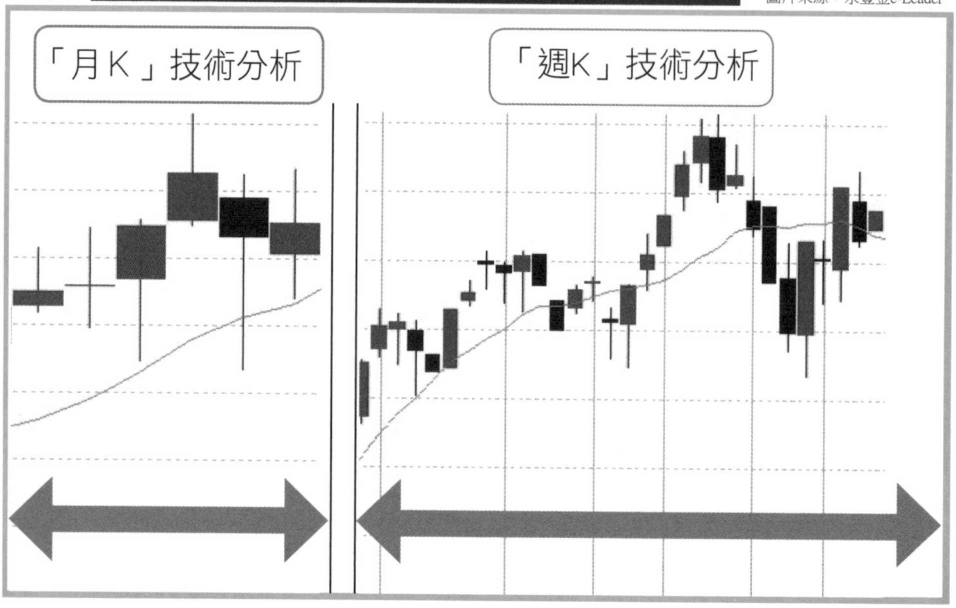

宜呢？」「股價會漲到哪裡？哪裡算是跌的差不多了？」對於這些考量，還是應該觀察更細微的變動比較容易做出判斷。要找出更細微的變動時，可以將K線改為一星期單位的「週」技術分析來運用。

與月K相比時，對「某月中旬開始股價開始上漲，經過五個星期的上漲後，股價開始下跌」、「與之前上漲相比的位置時，應該算跌勢暫停」像這樣的股價水準，和中長時期的股價動態都比較能一目瞭然。

也就是說「週K」技術分析，適合觀察中長期股價變動中的「股價趨勢」，還有在一定期間內、現在股價的表現如何等資訊。

如何運用不同的K線

上頁的二個技術分析，分別表示一年間股價變動的「月K」與「週K」。

「月K」可以看出一年間股價的大動向，而改看「週K」時，不只能觀察一年的動態，還有「一個月中股價有了如何的變動」的詳細訊息。

如果想要觀察每天價格變動來檢討買賣時機，就要使用「日K」技術分析，從日K中不只是觀察中長期的股價動向，還能明瞭一天當中的價位變動。也是為了找出「什麼價位買或賣」的詳細資訊。

「開盤後股價出現上漲，之後又下跌，比昨天的收盤價還要更低價位作收」、「星期一、星期二時股價上漲，但是星期三出現下跌」想瞭解像這樣的細節變動，就需要「日K」技術分析才行。

「週K」技術分析需要等到一星期結束後才作出該週K線，「日K」棒是每天都能產生。所以在觀看「日K」時，會更深入瞭解最近股價出現了什麼樣的變動。

「週K」技術分析需要等到一星期結束後才作出該週K線，「日K」棒是每天都能產生。所以在觀看「日K」時，會更深入瞭解最近股價出現了什麼樣的變動。

前頁的圖表用灰線框出的位置，是將三個月期間的股價變動分別以「週K」與「日K」技術分析來表現。在「週K」技術分析中看不見的價位改變細節，可以在「日K」技術分析中看見。

「週K」放大即為下圖的「日K」

圖片來源：永豐金e-Leader

光寶科週線圖／圖2

圖片來源：永豐金e-Leader

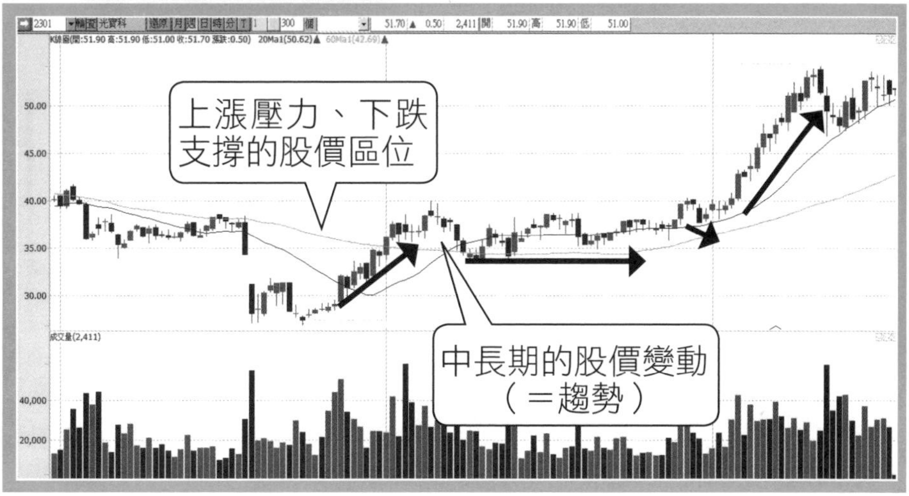

「週K」與「日K」交叉使用

現在我們可以瞭解，根據「在技術分析中要確認什麼？」的目的不同，使用的技術分析種類也不同。但是若以評量股價表現為目標，只觀察「週K」技術分析時，會以為看到「本週下跌的股價比上週更低了」！

其實週K的K線棒是一個星期結束後才能畫出來，「直至上週還是下跌，卻從星期二開始急速翻升」的最新動態卻無法得知。

「週K」（圖2）技術分析的觀察要點之一，從中長期區間來看，可以掌握「現在有上漲的趨勢」、「出現下跌趨勢」的中長期「股價變動（＝趨勢）」，

仁寶週線圖／圖A

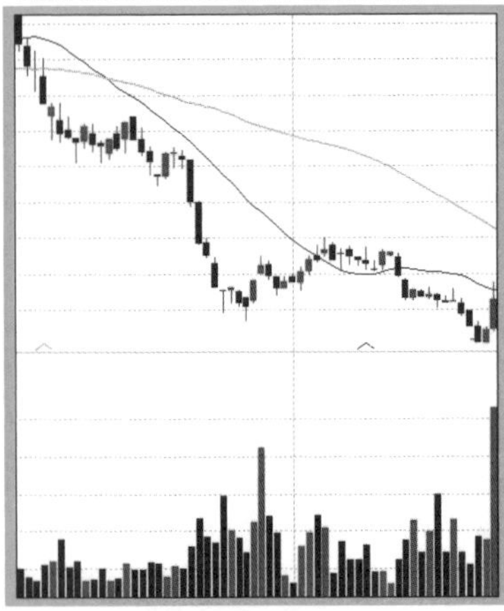

仁寶日線圖／圖C

圖片來源：永豐金e-Leader

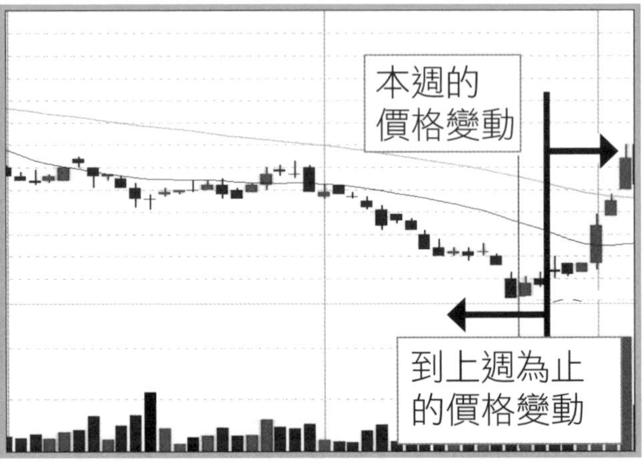

「週K」看起來下跌很多了 ➡ 從「日K」來看，卻已經開始上漲了。

另外也可以確認在中長期變動中出現的『上漲壓力、下跌支撐的股價區位』。

從「日K」技術分析觀看最近股價變動，可以確認「多少價位買進？」、「多少價位賣出？」的『買賣時機』（圖A）。

另一方面，「單看日K技術分析做來決定買進價位和賣出價位，只專注在最近動態。

如：觀察日K技術分析後，做出「已經大幅下跌，所以決定買進！」的決定時，若轉換到週K技術分析來看，也可能發現「股價的價位已經相當高了！」的事實（圖3）。

亞崴週線圖／圖3

圖片來源：永豐金e-Leader

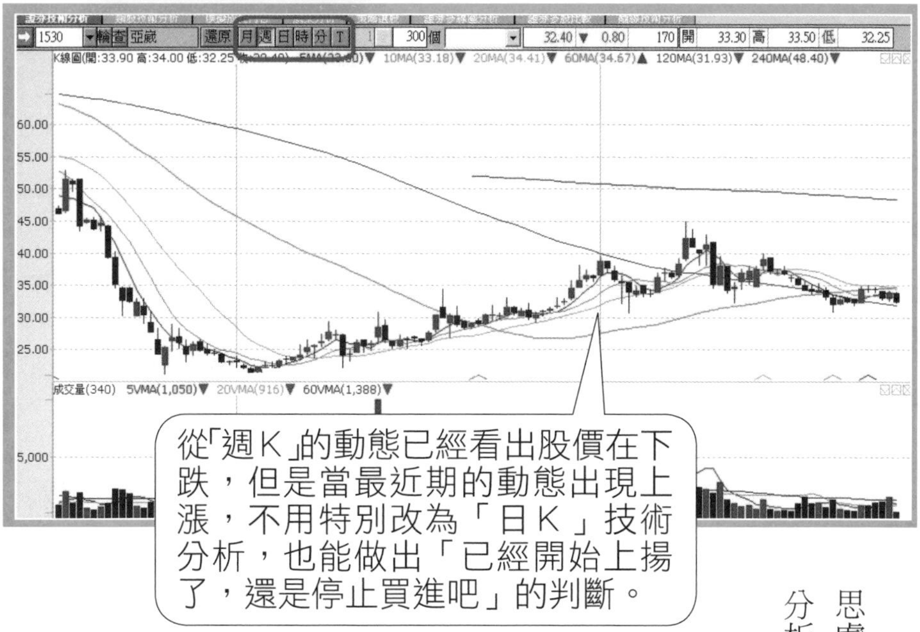

短期區間的K線，會將投資者們每日思慮、疑惑造成的價格變動，表現在技術分析當中。

亞崴月線圖／圖4

圖片來源：永豐金e-Leader

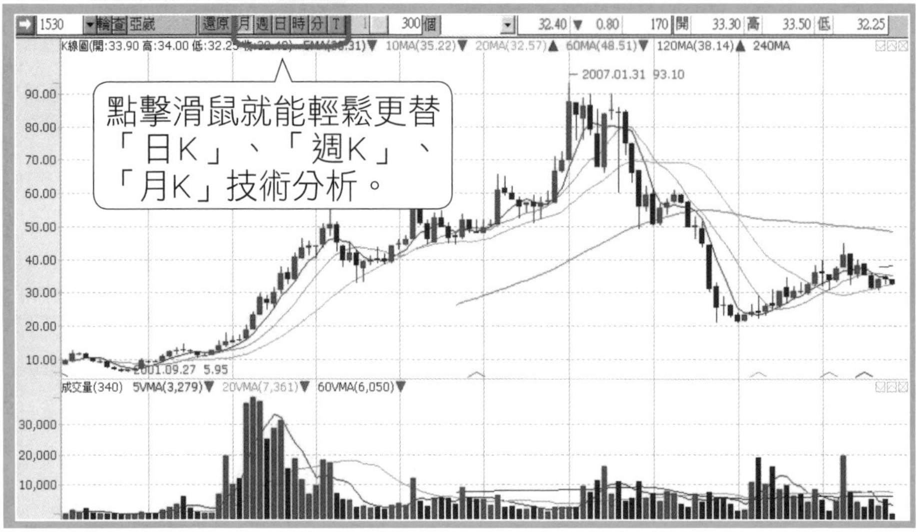

因此，受到「日K」技術分析的易動性，經常會出現造成買賣判斷錯誤的「騙線」效果。

所以不能只看「週K」、「日K」單一技術分析，一定要同時確認「週K」和「日K」兩邊的技術分析（圖4）。

第四篇 section 5

從K線讀取股市的訊號

在急跌、急漲，技術分析出現V型反轉的時候，「長下影線」K線的線更應該注意。

從基本的K線可以瞭解「投資者心理」，接下來，讓我們來看K線如何讀取「股市的訊號」，要讀取「股市的訊號」，就能掌握現在開始上漲或現在開始下跌的買賣時機。

長下影線的K線

當股價大跌一段後，出現「長下影線」的K線，投資人可以判斷「差不多已經止跌了」，以及「想買進！」投資者開始增加的線形。

在（圖5）的技術分析中，主體為黑色的部分是表示開盤價為當日最高價的K線，這是表示當股價已經出現大幅下跌，「雖然股價曾經下跌，當續跌的力量轉變為買進，最後出現上漲做收」的結果。

看見這樣股價變動的投資者，會做出

中碳週線圖／圖5

圖片來源：永豐金e-Leader

像「幾乎所有想賣股票的投資者都已經賣出，再賣的數量也不多了吧」、「現在買進，賣出量已經減少，接下來股價大幅上漲的可能性相當高」的考量，而開始買進股票。

當股價大幅下跌，在「已經跌這麼多了，還是趕快賣出吧」的心理狀態而賣股的投資者出盡股票後，當投資者是判斷「已經跌夠了」便開始買進，就會將狀況轉為上漲的趨勢。

特別是在急跌、急漲，技術分析出現V型反轉的時候，「長下影線」K線的線更應該注意。下影線的長度愈長，往上的力道就更大，之後轉為上升趨勢的可能性就愈高。

永豐金證券的e-Leader看盤軟體，免費提供各上市公司的技術分析

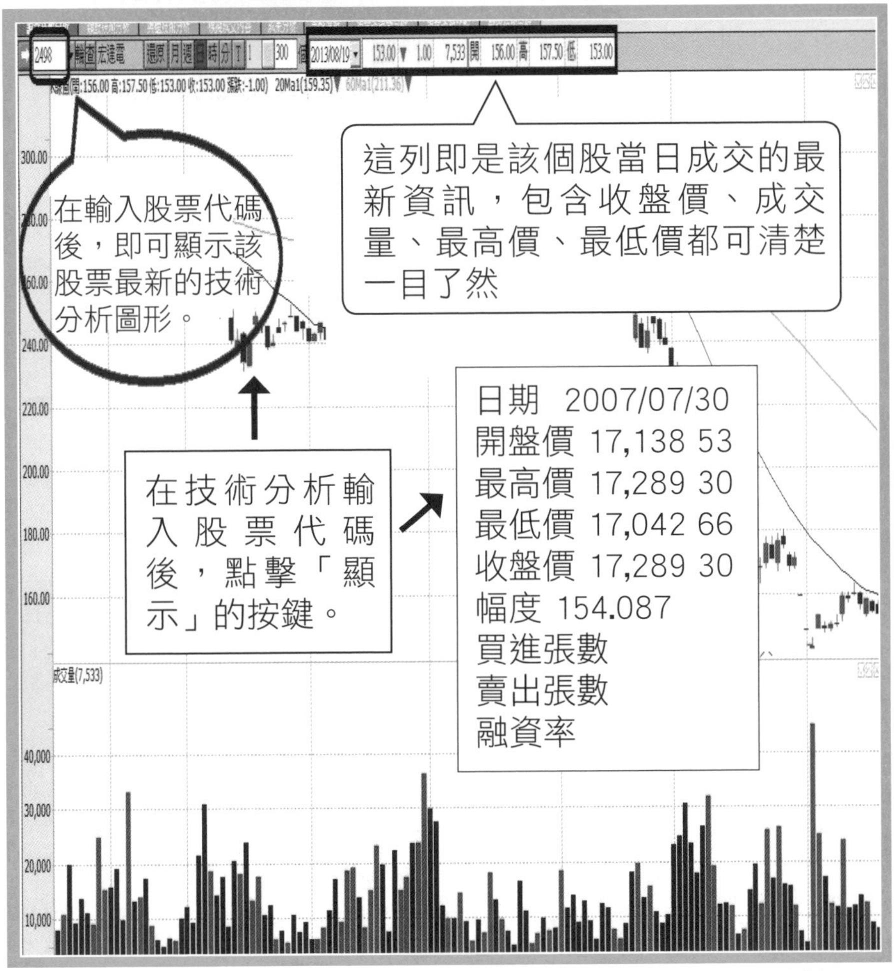
在輸入股票代碼後，即可顯示該股票最新的技術分析圖形。
這列即是該個股當日成交的最新資訊，包含收盤價、成交量、最高價、最低價都可清楚一目了然
在技術分析輸入股票代碼後，點擊「顯示」的按鍵。
日期 2007/07/30
開盤價 17,138 53
最高價 17,289 30
最低價 17,042 66
收盤價 17,289 30
幅度 154.087
買進張數
賣出張數
融資率

圖片來源：永豐金e-Leader

宏亞週線圖的「長上影線」

圖片來源：永豐金e-Leader

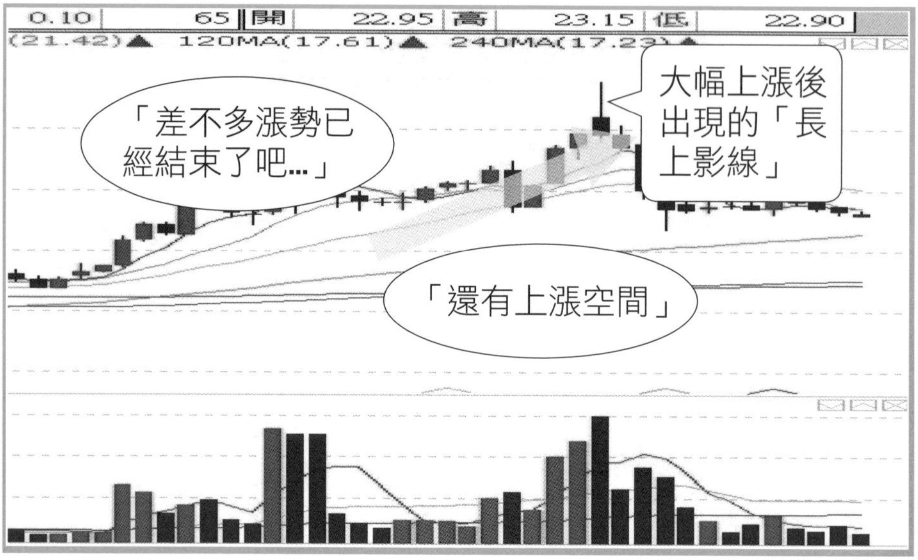

相對的，若是下影線較短，代表「股價尚未跌夠」的憂慮再起，接下來股價出現上漲，隨即繼續下跌的可能性也相當高。

長上影線K線

在股價大幅上漲後出現的「長上影線」K線，這通常代表「差不多漲勢已經結束了吧」，讓許多焦急的投資者決定「不賣不行！」因此就會產生這樣的線型。對已經大漲的股票，認為「股價應該還會再更高」而買進，造成股價繼續上漲的投資者。

對此時股市開始產生「這波漲勢到頂了」、「差不多已經漲過頭了」心態，等到達目標股價後，想賣的投資者比想買的

佳世達日線圖的「長下影線」

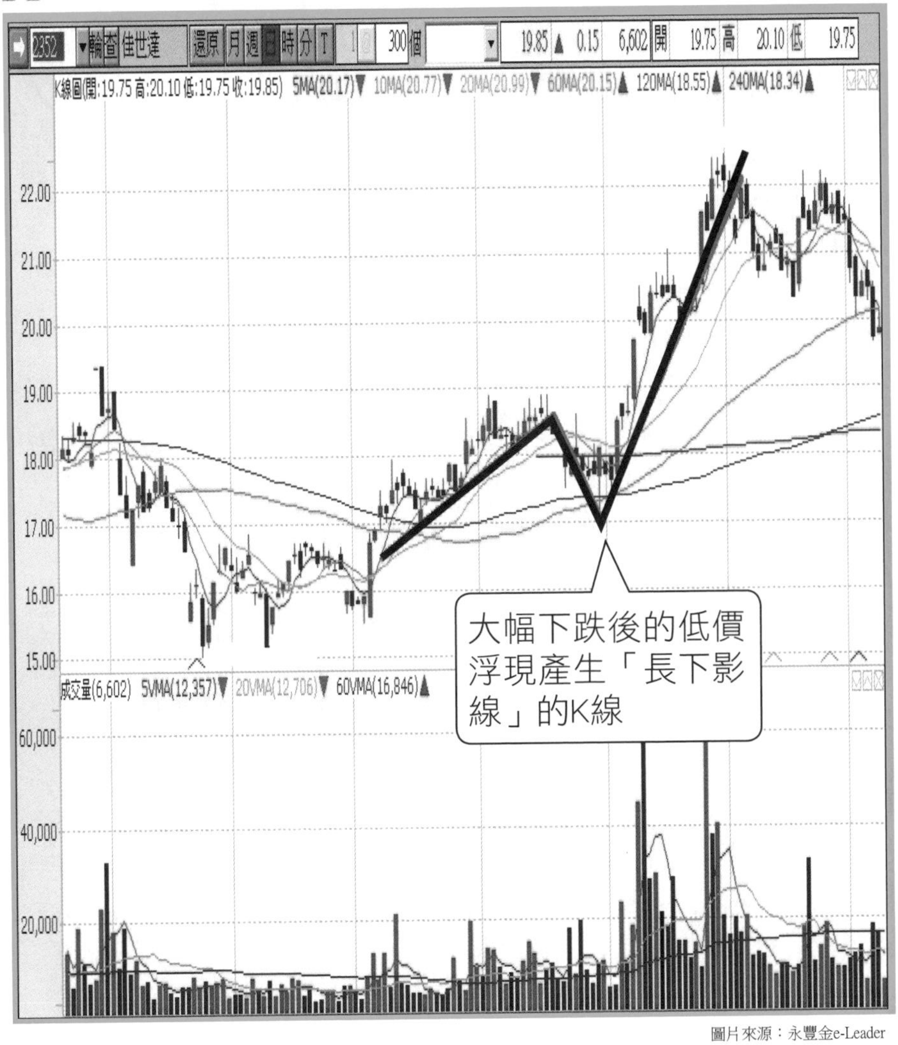

圖片來源：永豐金e-Leader

地球月線圖的「長上影線」／圖6

圖片來源：永豐金e-Leader

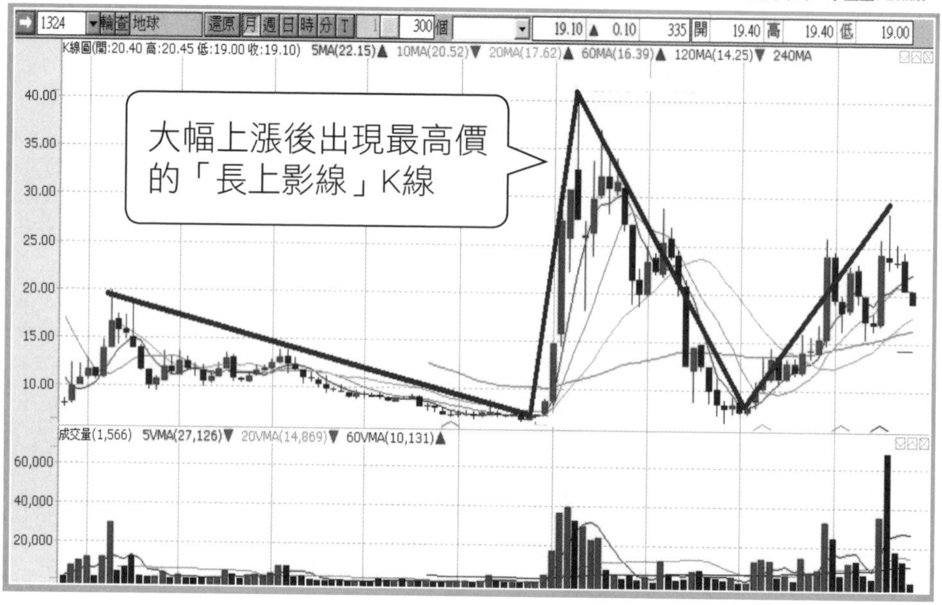

投資者還多，股價也因此開始下跌，也就是產生「沒有下一位買主」的狀態。

接著因投資者驚慌賣出，產生顯示股價開始下跌的「長上影線」K線，看到這種「長上影線」的K線，接下來轉為下跌的可能性相當高。

尤其上漲速度愈急促，呈現大V型反轉（圖6），若出現「長上影線」K線，就是「賣出手上持股」、「放棄任何買進念頭」判斷依據。

長上影線的長度愈長，往下的力道就愈大，轉為下跌的可能性更高。在上升趨勢的「盤整區間」買進，在下跌趨勢中的「盤整區間」賣出。

上升趨勢與下跌趨勢的「盤整區」

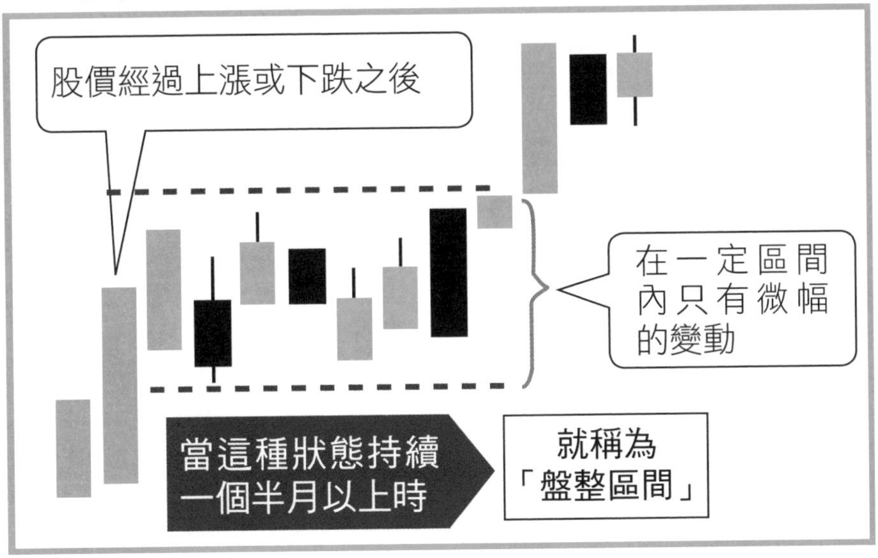
股價經過上漲或下跌之後
在一定區間內只有微幅的變動
當這種狀態持續一個半月以上時
就稱為「盤整區間」

股票市場中擁有許多專用名詞，像「盤整區間」這類的話語也經常使用。「盤整區間」是指股價經過上漲或下跌後，在一定價位區間、進行約一個半月左右微幅變動的狀態。

盤整區間

當股價在一定區間內變動，就表示認為「還會上漲」與「就要下跌」的兩方人數差不多相當。也就是說，股價的「盤整」讓投資者的想法分成兩端，一般稱為「盤整區間」，顯示在上升趨勢或下跌趨勢分別代表了不同的意義。

上升趨勢與下跌趨勢的「盤整區間」

圖片來源：永豐金e-Leader

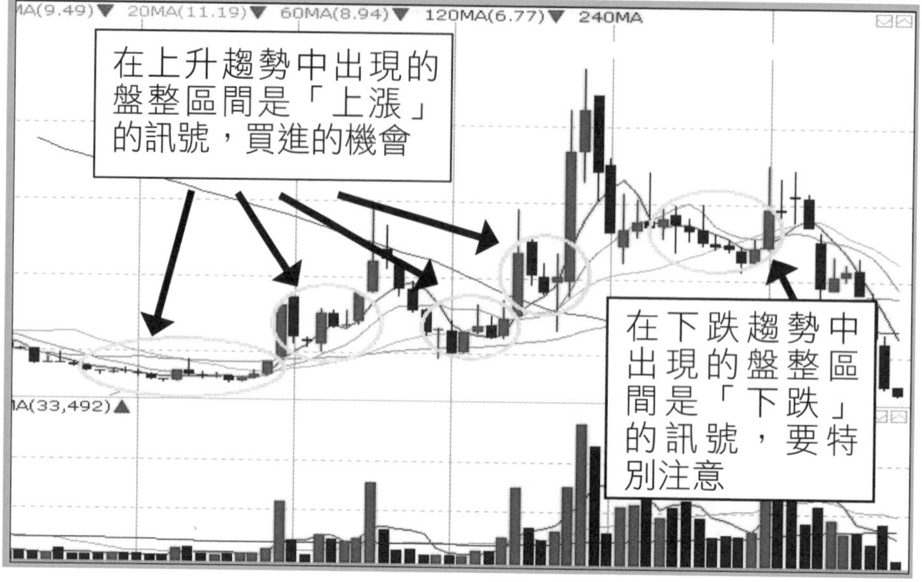

上升趨勢中的「盤整區間」要買進

出現在上升趨勢的「盤整區間」，表示為「確保獲利入袋」的投資者開始賣出股票，認為「還會繼續上漲」的投資者則繼續買進。因為賣方的消極與買方的積極。當獲利入袋的賣出結束時，積極的買方勝出，出現上漲的機率相當高。

下跌趨勢中的「盤整區間」要賣出

出現在下跌趨勢中的「盤整區間」，表示認為「接下來，股價還會再下跌」的投資者開始賣股，「下跌的股價可能會再次上揚？」的投資者持續買入。

但是無論買量多少股價都不上漲，出現「這是股市上漲的終結吧」、「說不定就要跌出整理區了」的想法，賣量逐漸增加，比起想買進，更多想賣出的人佔了優勢，終於股價開始下滑。

「盤整區間」訊號使用時的重點

「上升趨勢的盤整區間要買進」和「下跌趨勢的盤整區間要賣出」都是股市中的訊號。使用這種訊號還有一個重點要注意，就是在碰到『緩漲或緩跌的狀況時，並不符合這個訊號的法則』。任何人在碰到「漲過頭」或「跌破底」時，都會開始出現和之前提到的投資者心理一樣的想法。而在「急漲」、「急跌」時出現「盤整區間」的話，就能運用「買進」或「賣出」的訊號。

另外，不論在股市上漲、或下跌都是「盤整區間經常發生時機」，也表示在未來的市場中這些就是「上漲壓力」或「下跌支撐」的股價區間。

投資小叮嚀

當股價在一定區間內變動，就表示認為「還會上漲」與「就要下跌」的兩方人數差不多相當。

第四篇
section 6

「股價」與「成交量」的關係

想獲得利益，就必須等待股票大漲後的大跌再進場買股才是。

股價上升，代表接下來「認為股價會上漲的人」比「認為股價會下跌的人」還多。看見別人因股價上漲而獲利的人會想『不趕快買就少賺了、一定還會上漲』就『急忙買進』，讓倍受市場注意的本檔股價隨著成交量增加也升高。

然而，上升到了某個時點，想要買股的人愈來愈少，股價上漲也出現停滯。已經買進股票的人們，想到不趕快賣股就會有金錢損失時，恐慌性賣壓開始湧現。當股價愈來愈低，有更多人加入賣股行列，讓股價繼續一路下滑。實際觀察價量關係之後，可以發現以下的流程：

1、股價在便宜的時候，也不受市場注意，所以成交量不高。

2、股價上漲中，喜歡買低價股的人們開始買進，成交量逐漸增加。

容易獲利與不容易獲利的股票類型

因為成交量源源不絕，自然容易推升股價

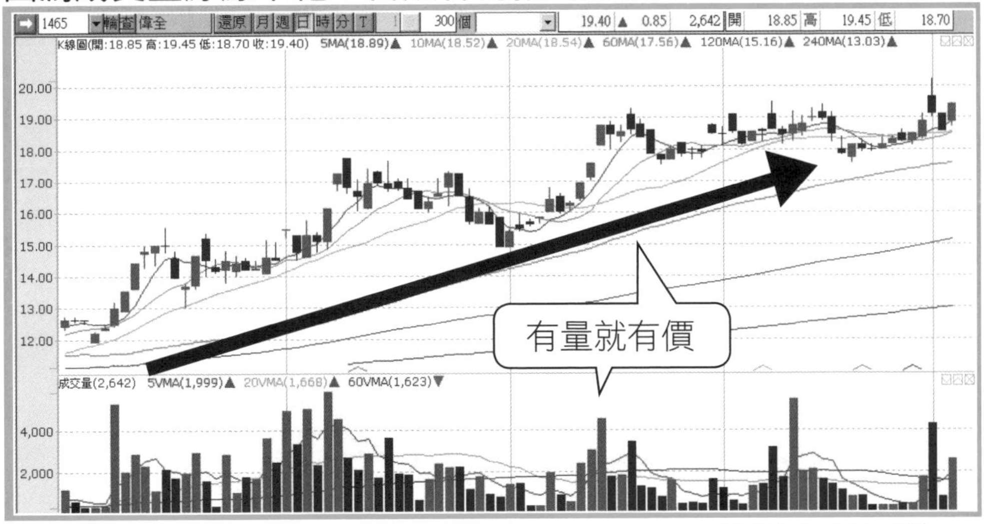

資料來源：偉全日線圖、永豐金e-Leader

成交量低迷，股價易盤整，短期上漲反而容易被主力倒貨

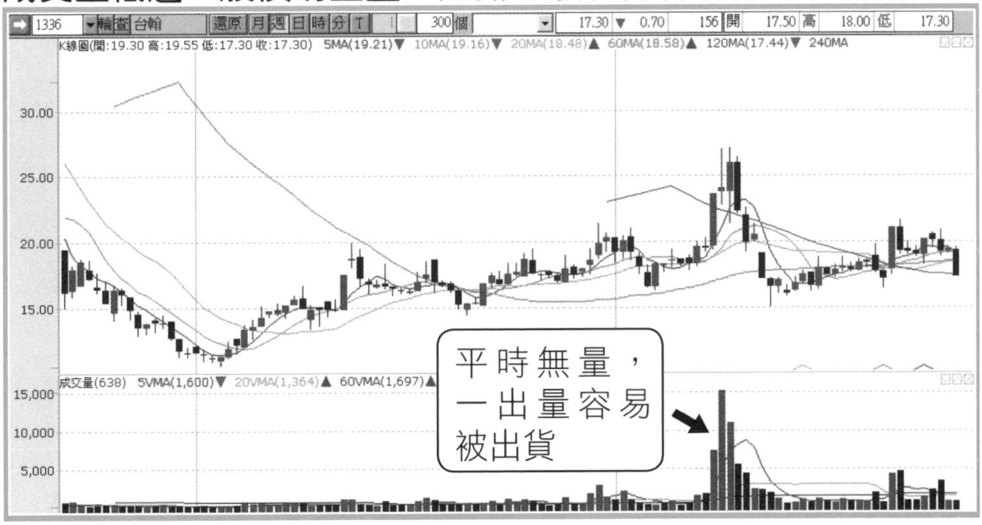

資料來源：台翰週線圖、永豐金e-Leader

資料來源：車王電月線圖、永豐金e-Leader

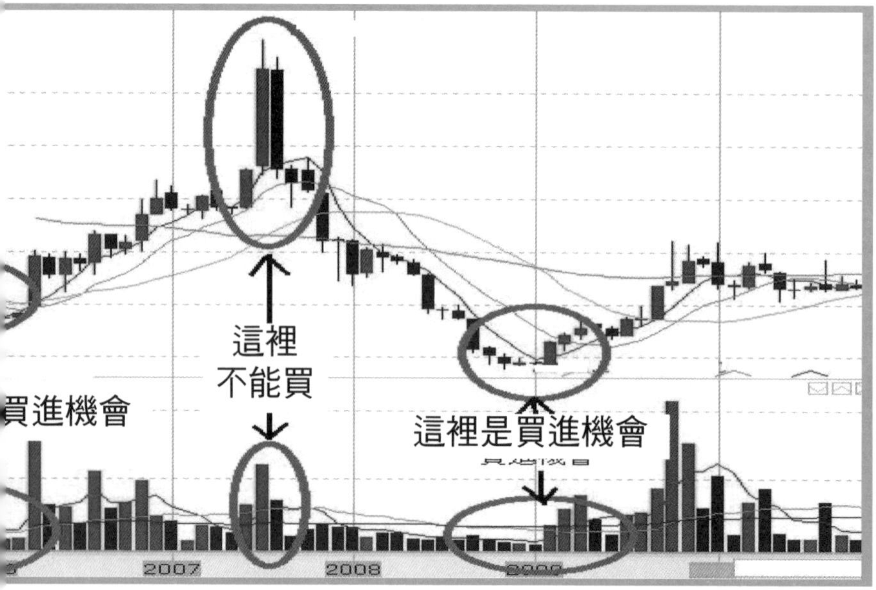

3、股價大幅上漲，一直創近期新高，成交量也創近期新高（投資者急著買進讓股價驟升，想買的投資者都買了之後，股價也不再上漲）。

4、股價下跌連帶讓成交量也減少，沒有後繼買進力道股價也不會上漲，就跟開始一樣，沒有多少成交量。

股價會到什麼位置，誰也不知道，我們唯一可以知道的只有『股價已經上漲』、『成交量比平常更大』這二點。不會買在高價位的最好方法，就是透過價量關係來確認這二點。

當股價大幅下滑，成交量相對減少時可以買進，成交量急增推動股價上漲時，可能會讓股市進入修正。

股價下滑，成交量也減少的時機就是機會

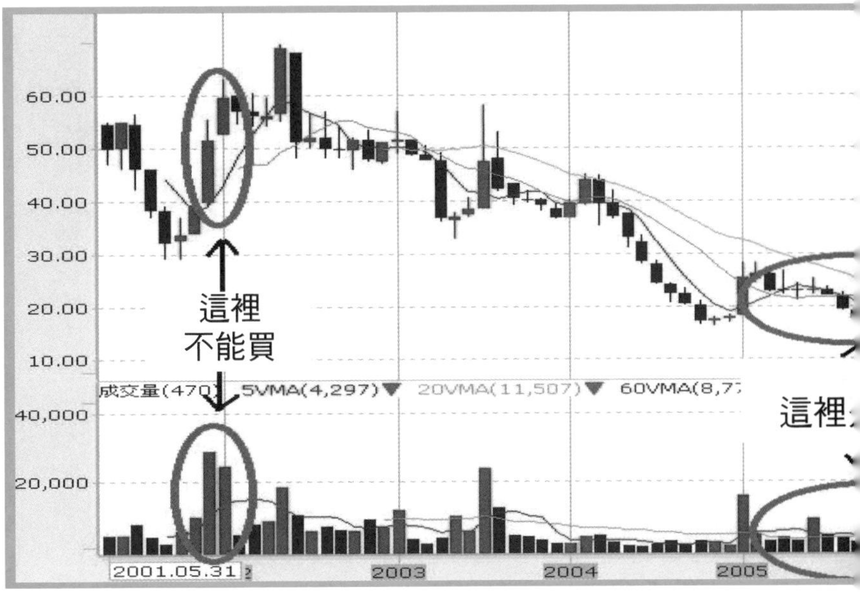

但碰到大利多或股市整體強勢偏多時，股價也可能不經過修正，繼續保持上揚，不論何時都要選擇最小風險行事，要記住「成交量增多的時候代表危險」。還有一個重要的事項，就是確保獲利。

如果從下滑的最低點（最低價）到上漲最高點（最高價）的漲幅有30％時，若是買在已上漲20％的價位，想獲得10％利益的情況並不簡單。不過要是能在只漲5％的時候買進，獲得10％利益後出場還不算困難。

總之，想獲得利益，就必須等待股票大漲後的大跌再進場買股才是。在成交量高的時候不進場買股，接著便是要等到成交量減少、股價也大幅下落之後再買進股票。

觀察想買進公司股票在現時點從底部起漲的漲幅時，可以與曾經出現過的漲幅做比較。

已經出現漲勢告一段落、完全還沒起漲、倍受市場注意的股價也已經上漲、成交量已經開始增加、還沒有被大多數人注意，股價和成交量也沒有增加跡象……等等，只有透過技術分析，才能判斷這些現象。在買進自己想要的股票目標之前，先觀察好技術分析再行動，這是減少損失與增加獲利的重要步驟。

投資小叮嚀

讀取「股市的訊號」，就能掌握現在開始上漲或現在開始下跌的買賣時機。

九種價量關係

量增價漲	1.價漲量增是良好的價量配合關係，通常是代表多頭的訊號出現。 2.在多頭行情之中，成交量亦隨之適當增加時可以視為「換手量」，有利於多頭市場的持續。 3.不論是型態或是趨勢線，有效的向上突破，必須要成交量增加的配合才是。 4.在空頭走勢中出現價漲量增的K線時，極有可能是止跌訊號，但仍須確認。 5.在多頭行情的末升段中，價漲量增有時會是高點已至的訊號。尤其是成交量異常放大而且後繼無力之時。
量增價跌	1.是價量背離的訊號，後市以偏空為主，但仍待確認。 2.在跌勢末期時，量增代表低檔買盤進入轉趨積極，距離指數低檔應不遠。 3.在漲勢初期或低檔盤整階段，可能是多頭力道正在醞釀，若配合期指未平倉量的增加，未來行情上漲機會甚大。 4.在漲勢末期則為多頭獲利了結心態濃厚，未來反轉下跌可能性大增。 5.若盤勢處於跌勢初期則未來盤勢會持續下跌。
量增價平	1.多為持續原來行情的走勢，但仍須確認。 2.處於末跌段或初升段時，應是多頭力道仍在持續醞釀，未來上漲機會很大。 3.多頭走勢或空頭走勢的整理期間，則為多頭或空頭力道重新醞釀的時機，在未來盤勢朝原來趨勢發生突破時，原來的趨勢將持續發展。 4.若指數處於末升段，極有可能是多頭力道逐漸衰退的跡象。

量縮價漲	1.屬價量背離現象，未來走勢一般以偏空因應。 2.處於初升段或盤整階段時，應採取觀望態度。 3.若為漲停鎖死，則後勢仍以續漲視之。 4.處於末升段時，則可能因為多頭追漲意願不高，指數反轉而下機率大增。
量縮價跌	1.若處於初跌段或主跌段時，代表多方接手意願不高，仍視為賣出訊號。 2.若為末跌段時，則為空頭力量衰竭，應注意買進時機。 3.若在上漲趨勢中，通常代表持股者惜售，未來應可續漲。
量縮價平	1.亦屬於背離現象，但不確定性較強。 2.若處於末升段則代表離高點不遠，應注意賣出時機。 3.若處於盤整階段，則對於盤勢較無影響力。
量平價漲	1.若處於多頭走勢中，則有可能是處於換手過程中。若後續成交量無法擴大，則應密切留意賣出訊號。 2.在空頭趨勢中極可能是短暫技術的反彈，後市仍然偏空。 3.若處於整理階段，則較無特殊意義。
量平價跌	1.若處於多頭走勢中，則有可能是處於換手過程。若後續成交量無法擴大，則應密切留意賣出訊號。 2.在空頭趨勢中，則是空頭力道仍在持續，後市仍然偏空。 3.若處於整理階段，則較無特殊意義。
量平價平	價平量平，顯示觀望氣氛濃厚，指數未來仍以原來趨勢發展居多。

Part 5

融資與融券

從資券餘額的變化，可以看出投資者是如何考量進行賣出或買進的決定，這也是為了讀取『投資者心理』與進行股價分析時，不可欠缺的資訊項目。

第五篇 section 1

資券餘額

「融資餘額」與賣出股票的力道相連，很可能成為以後股票下跌的重要因素之一。

股票的交易形態可以大分為二種

一種是持用自有投資資金來買進股票，賣出股票的「現貨交易」。

另一種就是從證券公司商借資金或股票進行買賣的「信用交易」。

「資券餘額是指什麼」？

使用「信用交易」，現在買進的交易量金額總和就稱為「融資餘額」，反過來說，現在賣出的交易量金額總額則稱為「融券餘額」。信用交易的買進或賣出的餘額，就稱作資券餘額。

從資券餘額的變化，可以看出投資者是如何考量進行賣出或買進的決定，這也

當日融資要每天觀察

0050 輪查 台灣50　　資買 遞減

編號	日期	商品代碼	商品名稱	融資					融券					資券相抵	券資比%	資使用率	券使用率	當沖比率
				資買	資賣	資現償	資餘	資增減	券賣	券買	券現償	券餘	券增減					
1	2013/09/16	3481	群創	9,135	9,274	73	206,688	-212	1,481	754	-	7,682	727	9,539	3.72	9.69	0.36	15.16
2	2013/09/16	2303	聯電	7,357	6,826	128	200,433	403	129	49	12	4,869	68	980	2.43	6.32	0.15	2.42
3	2013/09/16	2312	金寶	5,448	3,034	-	56,885	2,414	39	209	6	943	-176	533	1.66	15.60	0.26	3.21
4	2013/09/16	3260	威剛	5,230	5,597	5	35,760	-372	1,244	397	23	5,661	824	4,186	15.83	59.27	9.38	19.93
5	2013/09/16	2356	英業達	5,012	5,461	-	23,152	-449	1,488	317	3	17,032	1,168	5,567	73.57	2.58	1.90	17.22
6	2013/09/16	3576	新日光	4,680	6,425	-	55,347	-1,745	265	397	2	5,036	-134	2,545	9.10	40.57	3.69	15.44
7	2013/09/16	2317	鴻海	4,556	4,938	441	169,476	-823	189	394	5	3,120	-210	726	1.84	5.73	0.11	2.08
8	2013/09/16	2409	友達	4,156	7,417	852	428,867	-4,113	493	362	-	8,442	131	2,046	1.97	18.18	0.36	5.97
9	2013/09/16	4510	高鋒	3,863	2,030	-	8,480	1,833	119	3	1	221	115	1,702	2.61	39.07	1.02	17.81
10	2013/09/16	5398	力瑋	3,721	841	-	8,159	2,880	-	5	-	106	-5	21	1.30	78.17	1.02	0.35
11	2013/09/16	6116	彩晶	3,705	4,529	30	186,998	-854	246	1,018	1	19,982	-773	1,724	10.69	28.60	3.06	9.11
12	2013/09/16	1522	堤維西	3,526	3,218	-	11,591	308	291	84	-	967	207	2,220	8.34	14.82	1.24	20.11
13	2013/09/16	6282	康舒	3,478	3,159	36	21,622	283	264	43	-	1,050	221	2,436	4.86	16.78	0.81	21.07
14	2013/09/16	5905	南仁湖	3,294	5,455	-	17,991	-2,161	1,777	329	-	5,286	1,448	3,041	29.38	34.37	10.10	16.04
15	2013/09/16	3006	晶豪科	3,244	2,286	-	35,968	958	506	78	-	2,533	428	2,082	7.04	53.89	3.80	24.83
16	2013/09/16	2458	義隆	3,142	2,276	32	55,609	834	466	394	1	2,627	71	1,968	4.72	51.38	2.43	20.07
17	2013/09/16	3041	揚智	3,138	3,242	7	36,976	-111	201	16	-	564	185	1,995	1.53	47.57	0.73	15.60
18	2013/09/16	3059	華晶科	3,099	1,972	4	17,719	1,123	167	20	1	661	146	1,079	3.73	17.89	0.67	15.59
19	2013/09/16	2485	兆赫	2,967	2,755	-	19,079	212	697	7	-	1,703	690	1,647	8.93	24.02	2.14	15.32
20	2013/09/16	2504	國產	2,855	2,387	-	38,982	468	26	2	2	36	22	591	0.09	10.26	0.01	5.99
21	2013/09/16	3380	明泰	2,718	2,103	-	10,447	615	470	47	-	679	423	2,563	6.50	8.50	0.55	25.40
22	2013/09/16	2314	台揚	2,695	1,703	-	25,208	992	67	2	-	496	65	2,382	1.97	37.36	0.74	29.66
23	2013/09/16	2883	開發金	2,620	4,930	7	280,369	-2,317	68	4	-	703	64	579	0.25	7.46	0.02	1.94
24	2013/09/16	2384	勝華	2,578	2,359	310	247,199	-91	838	442	1	9,164	395	2,377	3.71	54.57	2.02	16.91
25	2013/09/16	3047	訊舟	2,568	3,119	-	18,613	-551	1,004	-	2	1,211	1,002	2,390	6.51	39.17	2.55	20.39
26	2013/09/16	2311	日月光	2,471	2,972	100	27,625	-601	858	-	150	28,364	708	464	102.68	1.45	1.49	1.43
27	2013/09/16	2887	台新金	2,459	1,347	101	67,339	1,011	30	11	17	982	2	151	1.46	3.59	0.05	0.71
28	2013/09/16	3062	建漢	2,402	1,839	4	24,973	559	335	16	-	499	319	561	2.00	30.72	0.61	8.26
29	2013/09/16	2609	陽明	2,400	3,353	27	53,166	-980	58	240	-	6,165	-182	610	11.60	7.54	0.87	5.99
30	2013/09/16	3706	神達	2,360	1,641	7	32,178	712	-	17	-	13	-17	18	0.04	17.04	0.01	0.34
31	2013/09/16	5871	F-中租	2,301	2,255	1	32,885	45	144	110	-	4,125	34	1,242	12.54	14.53	1.82	14.58
32	2013/09/16	3149	正達	2,223	2,688	-	28,956	-465	187	85	1	1,119	101	1,426	3.86	43.62	1.69	18.34

圖片來源：永豐金e-Leader

是為了讀取『投資者心理』與進行股價分析時，不可欠缺的資訊項目。資券餘額，也稱為「融資融券成交累積量」。

目前使用信用交易賣出、或買進時的各個交易量合計，就是融資融券餘額。仔細來說，信用交易通常會以六個月為期限，必須在期限內進行結算（交割）。

因為信用交易是從證券公司商借資金來買股票、或借股票來賣。

這二種情況都必須在六個月內完成結算（交割）才行。進行信用交易買賣期間，尚未進行結算（交割）時的信用買進交易量、就是「信用融資餘額」。信用賣出交易量、就是「信用融券餘額」。分別以「融資餘額」、「融券餘額」稱呼。

交割方式

信用交易的交割方式有三種，通常就是以「資券相抵」的方式來完成交易。信用交易的交割步驟有以下三種：

1、「資券相抵」

即用融資買進時要以融券賣出，融券賣出時則以融券買回的方式。

2、「融資買進」

把金額存入戶頭，建立信用帳戶後買進股票。

3、「融券賣出」建立信用帳戶後，賣出股票。

如上所說，信用交易進行後的六個月

內，就必須「把融券「買回」」、「把融資「賣出」」的「資券相抵」方式來完成結算。當「融券餘額」愈來愈多，相對地也連結了以後必須買回股票的力道，所以通常據說」「融券餘額」也可能成為股價上漲的重要因素之一。

反過來說，「融資餘額」與賣出股票的力道相連，很可能成為以後股票下跌的重要因素之一。

但是，股價並不會因為「融券餘額」的增加而停止上漲，「融資餘額」增加也並不是單純讓股價下跌的因素。

會有這樣的連動，是因為股價變化深受投資者心理的影響所致。不只是要看資券餘額的數據，還要把股價變化與資券餘額的改變一起進行觀察。經由資券餘額數據的折線圖，搭配股價同步考量後，就可以找出資券餘額對股價帶來的影響了。

投資小叮嚀

從資券餘額的變化，可以看出投資者是如何考量進行賣出或買進的決定。

第五篇 section 2

「融資餘額」增加

融資買賣較適合老手與高手，新手切記不要使用融資做任何投資。

信用融資買進後，必須在買進後的六個月內完成交割，認為接下來的六個月以內，股價應該會上漲的投資者增加，以信用融資買進股票的成交量也跟著增加。

「融資餘額」增加時，股價會有什麼改變？

這是因為在股票開始上漲後，認為「還要再漲！」的投資者增加，使用信用融資交易的投資者也是會跟著增加。接著，當股票繼續上漲，隨著「股價會再往上漲！」的投資者「買進」力道增強。

另一方面，認為上漲到這裡，也差不多要壓回了！的投資者開始增多，然後，以信用融券賣出來放空，使「融券餘額」數據增（圖16）。

買進後，如果股價上漲，投資者就要

小型股的融資大幅增加，容易推動股價／圖16

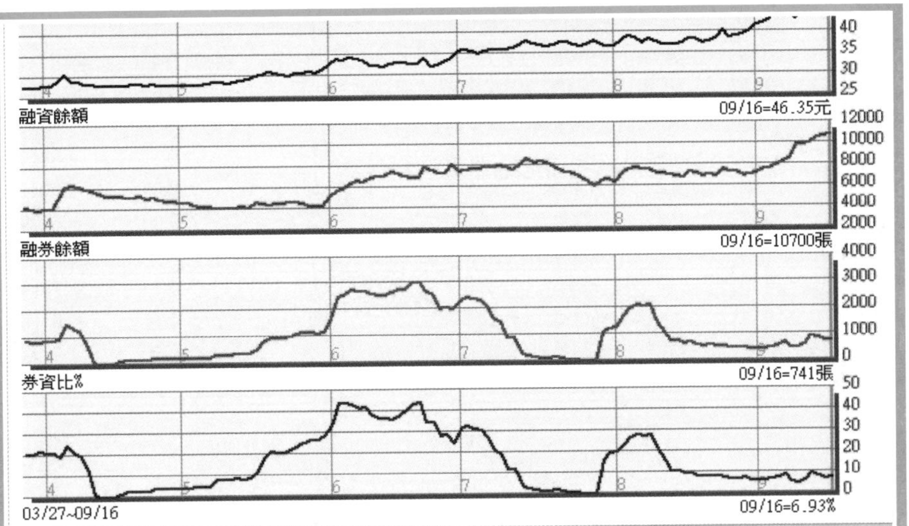

生達(1720)融資融券明細

	融資						融券					資券相抵
日期	買進	賣出	現償	餘額	限額	使用率	賣出	買進	券償	餘額	券資比	
09/16	1,190	1,069	0	10,700	44,541	24.02%	90	22	23	741	6.93%	931
09/14	1,477	1,353	0	10,579	44,541	23.75%	48	158	2	696	6.58%	468
09/13	2,036	1,535	0	10,455	43,732	23.91%	111	179	0	808	7.73%	366
09/12	2,664	2,543	10	9,954	43,732	22.76%	343	46	7	876	8.80%	3,084
09/11	2,126	2,074	1	9,843	43,732	22.51%	209	9	44	586	5.95%	1,537

資料來源：生達融資融券走勢圖、永豐金e-Leader

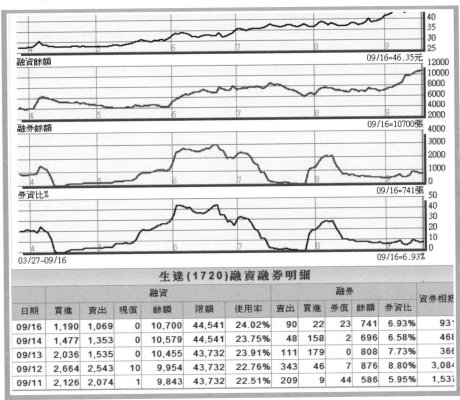

資料來源：永豐金e-Leader

更新								
30916	三大法人持股比率(%)			近10日資券增減		資使用率(%)	券使用率(%)	券資比
股合計	外資	投信	自營商	融資	融券			
101558	10.08	1.06	0.41	-1151	225	11.76	0.31	2.61
2603571	33.78	0.63	0.20	-4229	178	3.59	0.05	1.46
3191480	29.57	1.58	0.04	-2659	-83	1.27	0.07	5.26
2636199	22.20	1.30	-	-3622	-2100	1.55	0.12	7.82
206916	23.15	0.74	0.40	-5350	1712	33.10	6.37	19.25
2312930	14.20	0.68	0.08	-604	227	0.31	0.03	10.84
670854	22.79	0.76	0.11	946	-1666	16.06	0.58	3.64
298060	19.73	1.35	0.62	-4388	113	6.36	0.12	1.84
3515313	34.28	1.23	0.03	-13959	941	1.31	0.05	4.16
163409	6.53	0.17	0.31	-2848	-409	5.23	0.05	0.86
73676	3.14	0.18	-	853	-79	3.11	-	0.01
0266585	77.00	1.16	-	-3965	1097	0.25	0.10	38.70
5243687	42.98	1.04	0.15	-11498	3108	5.73	0.11	1.84
3121665	31.47	0.91	0.06	-13496	-2075	18.18	0.36	1.97

「賣出」股票確保獲利入袋。這時，雖然「想賣出股票」的投資者比「想買進股票」的投資者多，股價理應下跌。

只要接下來「想買進股票」的投資者仍多過「想賣出股票」的投資者，股價還不會下跌。

抱持「未來還會再上漲」論點的投資者，比認為「差不多要下跌」的投資者還多時，這期間的現貨、信用交易雙方，為了增加利益就會持續吸收賣出的股票，股價受到支撐不會下跌。

總之在期待上漲的論點未破滅前，所謂的「融資餘額」增加造成股價下跌的現象，並不是立即發生的。

觀察三大法人的持股變化

⦿ 自選股 KV ○ 個股 0050 輪查 台灣50 前一頁 下一頁

商品代碼	商品名稱	20130916	股價表現		近10日法人持股增減(張)				2
		收盤價	近5日	近10日	外資	投信	自營商	合計	法人
2101	南港	35.70	0.56%	1.56%	4943	-199	-153	4591	
2887	台新金	13.70	0.73%	4.18%	52319	2377	-14227	40469	
2881	富邦金	41.30	1.10%	0.73%	1302	-6428	-1196	-6322	
2882	國泰金	42.80	-0.23%	0.82%	65542	-959	-4497	60086	
2498	宏達電	137.00	1.48%	-0.36%	13531	-69	684	14146	
2002	中鋼	25.95	-0.19%	0.77%	78925	2418	-595	80748	
2353	宏碁	20.10	-0.49%	-0.49%	1876	45	-3462	-1541	
2903	遠百	31.20	-1.10%	-0.63%	24895	2039	920	27854	
2885	元大金	15.45	0.98%	0.32%	36251	1429	-564	37116	
2812	台中銀	10.35	0.48%	-6.33%	3212	316	905	4433	
2838	聯邦銀	10.55	-0.47%	0.95%	793	136	36	965	
2330	台積電	105.50	0.95%	4.97%	87401	-1849	141	85693	
2317	鴻海	76.00	-	-7.31%	14566	-2512	-8441	3613	
2409	友達	11.55	-0.43%	-	11698	-9278	1669	4089	

相對的，遇到買進後股價並未如預期上漲、反而下跌的情況時，因為信用交易的交割期限是六個月內。「不到」確定損失「的時間，還可以做出「在結算日之前」繼續持有、等待股價上漲的決定。

投資者會盡可能地避開損失，比起立即面對賠錢，還不如「在到期之前，等待股價的回升，上漲後再賣出」。不過到結算日股價都未回升的話，因為交割日期而掛出的賣單就會開始增多。

所以當股價上漲，價位愈升愈高，帶動信用交易的「融資餘額」大幅增加，之後股價卻不再上漲時，等到六個月後，信用交易戶就必須以「資券相抵」的方式開始賣出股票。

這時，雖然「想買進股票」的投資者比「想賣出股票」的投資者多，股價還不會下跌。只要接下來「想賣出股票」的投資者仍多過「想買進股票」的投資者，股價就會開始下跌。

原來「六個月期間內持股續抱」的決定，必須資券相抵造成「賣出」比「買進」還多，造成股價下跌。

投資小叮嚀

信用融資買進後，必須在買進後的六個月內完成交割。

第五篇 section 3

融券賣出

找出股價變動與融資融券餘額增減的平衡則是更為重要。

「融券賣出」的情況與融資買進相反，現在賣出後，六個月結算日前必須買進回補完成交割，抱持著「接下來，股價應該要下跌」的論點，使「融券餘額」逐漸增加。

以信用交易做「賣出」的投資者，當股價下跌後，要以資券相抵的方式「買回」股票，讓獲利入袋。

但是在「賣出」之後，如果之後股價並未下跌、卻持續上漲時，投資者可以選擇立即回補接受損失，或決定等待六個月期間看看股價是否會跌回原位再交割。投資者間以決定立即回補、接受損失的人數居多。

這是因為做為信用交易的「賣方」，損失會有無限擴大的可能性。在股市投資中，買方從買進股票開始，最大的損失只有當股價下市變成0的時候，也就是原始的投資資金而已。

但是賣方卻會因為股市的無限上漲，帶來必須無限補償的可能性。所以，當信用融券賣出量增加，股價表現卻不跌反升時，這也表示融券賣出投資者已經接受損失立即回補，受到買進追價的股票因此出現急漲。

確認資券比

從股價與融資融券餘額變動來瞭解投資者心理時，也要記得注意「資券比」。

所謂「資券比」就是「融資餘額」除以「融券餘額」的比率。也就是當融資餘額與融券餘額相同時，資券比就是1。

通常股市投資是以買方入市的投資者居多。所以在信用融資交易中，也是買方居多，從資券比來看，融資餘額比較大的情形很常見。（基本資券比率就是1以上。）在這種狀況中，融券餘額增加、資券比低落的公司股票，會被投資者認為這是『信用交易的良好標的』，成為投資買進的動機。

為什麼這會成為投資買進的動機之一？

因為與融資餘額相比、融券餘額較多時，只要股價一上漲，認賠回補、追加買回股票的賣方就會出現。因此，像這種資券比低的公司股票，上漲愈多，做空的投資者損失就會愈大，更必須以高價買回不可。

當融券異常增加時，股價通常還會繼續探底

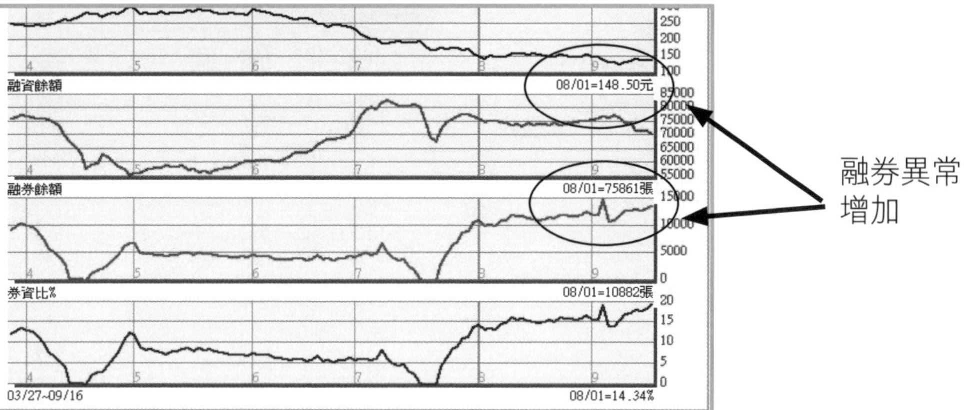

宏達電(2498)融資融券明細

	融資						融券					資券相抵
日期	買進	賣出	現償	餘額	限額	使用率	賣出	買進	券償	餘額	券資比	
09/16	1,293	2,199	51	70,503	213,013	33.10%	1,397	827	136	13,571	19.25%	4,547
09/14	1,213	1,175	29	71,460	213,013	33.55%	635	257	3	13,137	18.38%	2,313
09/13	2,353	2,644	53	71,451	213,013	33.54%	618	824	20	12,762	17.86%	2,655
09/12	2,565	4,967	27	71,795	213,013	33.70%	1,514	1,180	102	12,988	18.09%	6,009
09/11	2,319	2,634	30	74,224	213,013	34.84%	938	788	54	12,756	17.19%	4,030

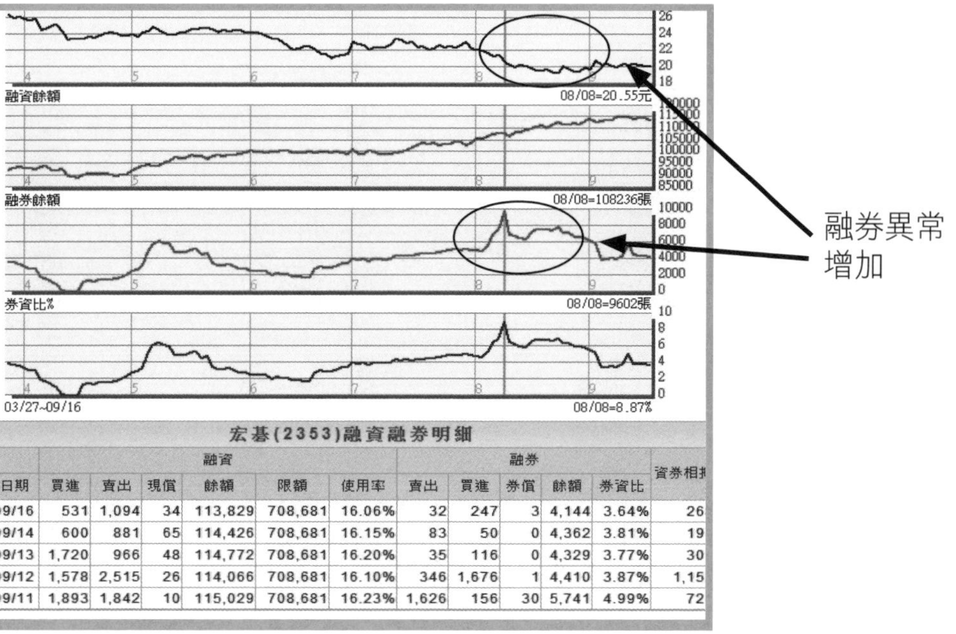

宏碁(2353)融資融券明細

	融資						融券					資券相抵
日期	買進	賣出	現償	餘額	限額	使用率	賣出	買進	券償	餘額	券資比	
09/16	531	1,094	34	113,829	708,681	16.06%	32	247	3	4,144	3.64%	26
09/14	600	881	65	114,426	708,681	16.15%	83	50	0	4,362	3.81%	19
09/13	1,720	966	48	114,772	708,681	16.20%	35	116	0	4,329	3.77%	30
09/12	1,578	2,515	26	114,066	708,681	16.10%	346	1,676	1	4,410	3.87%	1,15
09/11	1,893	1,842	10	115,029	708,681	16.23%	1,626	156	30	5,741	4.99%	72

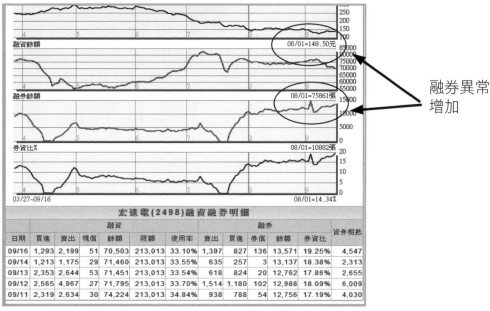

像這樣，與業績等公司因素無關、只因信用交易供需「引誘賣方買回」使股價大幅上漲的情況，就稱為『市場回補』。

不過，從目前介紹的股價動態、融資餘額、融券餘額變動來看，即使融資餘額增加、股價不是一定會下跌，融券餘額增加、股價不是一定會上漲。

所以在觀察「資券比」時，不只是要看數字，也要注意股價來到什麼位置時、融資融券餘額開始增加？又是增加了多少？

之後股價的表現又是如何？從K線圖與融資券數據折線圖中，找出股價變動與融資融券餘額增減的平衡則是更為重要。

投資小叮嚀

從股價與融資融券餘額變動來瞭解投資者心理時，也要記得注意「資券比」。

第五篇 section 4

融資券餘額和股價變動

信用融資交易中，也是買方居多，從資券比來看，融資餘額比較大的情形很常見。

從觀察融資融券餘額找出投資者心理當中，也可以找到「股價上漲壓力的區間價位」（圖17）。

以信用融資買進的投資者，等待股價上漲後賣出獲利。但是，在買進後股價如果下跌，為避免損失就無法立即賣出結束交易，結果變成「持股續抱」。

在股價下跌中出現融資餘額增加的情況，股價卻無法回到當初融資增加時的價位反而下降時，在「融資餘額」增加股價位置，可能就是「上漲壓力線」。

這是因為，投資者認為與其在買進後股價下跌產生「認賠殺出」，還不如「持股續抱等待股價回升」。

當這樣的投資者愈多，「回到買進原價位就賣出的行為與股票數量也變多」，

股票在上漲時，融資反而不敢追／圖17

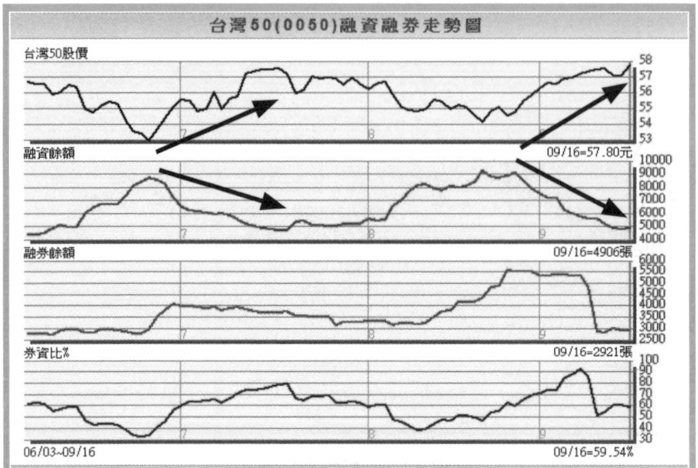

台灣50(0050)融資融券明細

	融資						融券					資券相抵
日期	買進	賣出	現償	餘額	限額	使用率	賣出	買進	券償	餘額	券資比	
09/16	452	418	0	4,906	378,750	1.30%	19	63	0	2,921	59.54%	99
09/14	57	139	0	4,872	378,750	1.29%	11	64	0	2,965	60.86%	2
09/13	55	380	0	4,954	378,750	1.31%	206	60	0	3,018	60.92%	101
09/12	49	390	0	5,279	378,750	1.39%	35	73	0	2,872	54.40%	77
09/11	283	293	4	5.620	378.750	1.48%	28	1.080	886	2.910	51.78%	134

資料來源：永豐金e—Leader

隨著融資餘額的變動愈大，更可以稱之為「有力的抵抗線」。

總體來說，認為「股價還會上漲」的投資者愈多，覺得「現在非買不可」的投資者與融資餘額就會連帶一起增加。相反，認為「股價還會下跌」投資者較多，覺得「現在非賣不可」的投資者與融券餘額也會跟著增加。

融資融券餘額，可以和股價動態（線圖）一起比較做分析。「融券」交易，一旦被軋空，損失則會變成無限大。股價在下滑途中，當「融資餘額」增加，之後這個「融資餘額」增加的價位區間，很可能會成為之後股價上漲時的「上漲壓力線」。

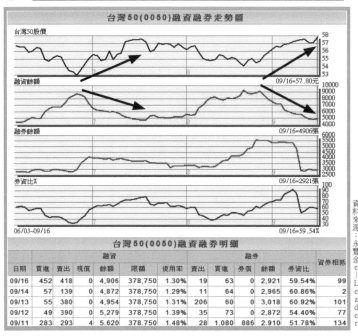

台北加權股市2012年9月至2013年9月融資融券變化

・101/09/16~102/09/16 上市融資融券明細

	融資買進	融資賣出	現償	餘額	增減	資券相抵
融資張數(張)	93,425,040	91,575,940	2,194,908	10,975,840	-411,831	44,111,940
融資金額(億)	17,632.63	17,274.89	387.50	1,836.59	-34.96	--
	融券賣出	融券買進	券償	餘額	增減	資券相抵
融券張數(張)	9,678,432	8,879,058	998,683	436,146	-200,097	--

・101/09/16~102/09/16 上櫃融資融券明細

	融資買進	融資賣出	現償	餘額	增減	資券相抵
融資張數(張)	20,237,090	19,436,960	474,678	2,490,062	302,451	0
融資金額(億)	3,682.98	3,532.60	75.10	402.41	73.24	--
	融券賣出	融券買進	券償	餘額	增減	資券相抵
融券張數(張)	1,638,890	1,377,990	232,825	93,673	26,341	--

上市信用交易 分析

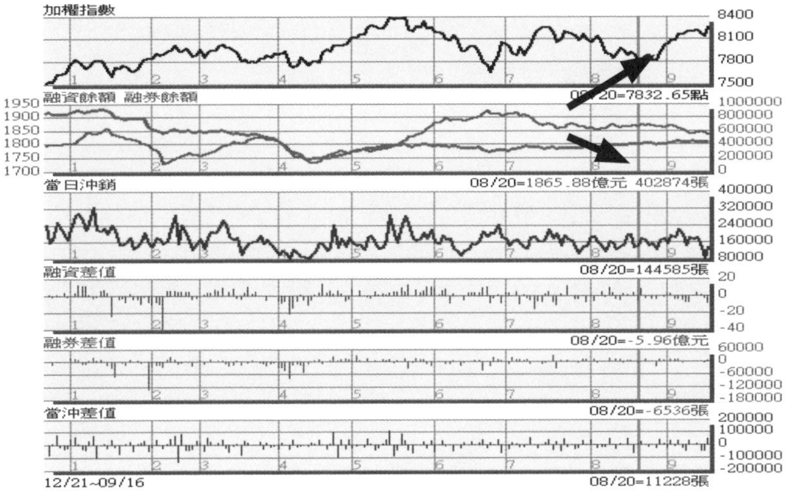

資料來源：永豐金e-Leader

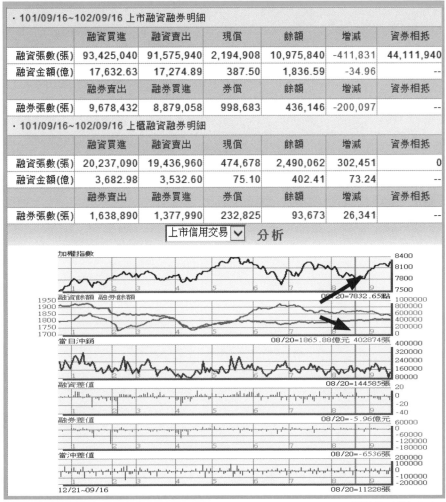

MEMO

Part 6

學習停損

投資者很難訂定永恆不變的股票買賣原則，但又正因為如此之難，所以其制訂買賣原則才顯得更重要。

第六篇 section 1

對於損失的管理方法

世界上任何一種投資都是一樣的，股票投資也不例外。

投資人在股票投資中，養成風險管理的方法真的非常重要，不論什麼時候都想到風險管理哩，真的絲毫不過分，特別是有著較多頻繁交易和較大風險暴露的技術性投資者，更要認識到對於損失管理的重要性。

技術性投資者在股票投資中之所以能夠獲得成功，並不是全部依靠對行情的預測準確度，而是依靠買進的股票在上漲時，得到的最大收益，或是買進股票在下跌時，損失較小，憑藉這樣的本事才可獲取較高收益。

但是前題是投資人絕對要把收益變為最大值，把損失減為最小值。其實這兩種情況是互補的。

為了把收益變為最大值就必須承擔損失（收益減少的風險），並且為了限制損失的程度，投資人也須拋棄收回成本的慾望與機會。

正因為對收益的最大化與損失的最小化這兩種相反的關係，投資者很難訂定永恆不變的股票買賣原則，但又正因為如此之難，所以其制訂買賣原則才顯得更重要。

根據制訂何種原則，是否嚴守其原則，自然而然地就可以分辨出投資高手與投資拙手。所以技術分析就是提高收益限制風險之買賣原則的最終產物。

但是在價值投資中，因買賣基準的不同，學會克服股票下降所帶給你的壓力或損失，也會成為你以後成功投資的重要基礎。

關於價值投資，其企業價值也不是一成不變的。當企業價值嚴重受影響而沒法再維持公司價值時，投資人即使面對的是損失慘重，也要及時處理手中持有的股票。其實它知道公司價值嚴重受影響時，已是股價大幅度下跌之後了，

因此當進行價值投資時，發現買進的股票不盡如人意時，為了減少今後損失，就算是無論如何也要忍痛賣掉一部份的股票。投資人切記！無論哪一種投資方法，對於損失的管理是最終實現成功投資的重要因素。

投資者的正確態度

股票是具有獲得巨大收益，極具有魅力的投資工具，這是在儲蓄或者其他投資

工具比不上的，但是具有相當大的魅力的同時，別忘了，它衍生出來的風險也很大，正因為股票具有其他投資工具無法得到的收益，某些投資人透過股票投資，實現了短時間內獲得巨大收益的目地。

在金融發達的社會裡面，股票既充滿魅力，又容易投資，所以基本上很少有人沒有投資過股票，但投資的人多，並不代表賺到錢的人也多。

很多股票投資人不僅沒得到比銀行還要高的收益，反而遭到更大的損失，甚至連本金都輸光了，大部分的投資人在股票投資中遭到莫大損失的理由可以解釋為他們只盲目追求收益，而忽視了股票投資的風險性。

股票投資，在其特性上與投機的分界線是本來就很模糊的，在經年累月的交易中，投資人很容易在不知不覺產生某一新的投機心態。

在股票投資中，我們不能一口斷定投機就是不好的，但是用自己辛辛苦苦賺來的血汗錢，如同賭博一樣，全數在股票市場中耗盡，真的是再傻不過了，相信沒有人想要淪落到這樣的下場。

風險與投資報酬指數

我想凡是做過股票投資的讀者們應該都親身體驗過了，股票投資是有相當風險的投資方式，股票投資之所以存在風險性，是因為在其股票交易中就有某種投機性的要素。

3種損失管理的方法

1、要嚴守分批買進，分批賣出的原則。

2、要嚴守買進、賣出的原則。

3、保證要有一定的整理休息期。

我們可以想一下，任何一種投資其實都會有投機的可能性，我們會說銀行存款非常可靠安全，但它卻稱不上是一種投資行為。所謂投資標的都會有一定程度的風險性所相伴，雖其界線有點模糊甚至有時還分不清，但是我們可以根據如何合理地接受風險性來區分投資與投機行為。

世界上任何一種投資都是一樣的，股票投資也不例外。風險性與投資報酬永遠是成正比的，隨之對股票投資獲利的期望值愈高，你的風險性也就越大。

舉個簡單例子，短期內買入電子股的收益遠遠要比買入傳產類股的收益要大的多，但是相反的你也要做好承受巨大風險的心理準備。為了得到巨大收益，你必須同樣要做好做出巨大犧牲的準備，如果你想避開風險，只能眼睜睜地看著一個個好機會從你身邊擦肩而過。

正是因為風險與投資報酬有緊密關係，有人就曾指出，股票投資者在其股票交易中一味地追求過高盈利同時想要每次都能得到收益，這種事情根本不會出現。

其中的原因，我們可以解釋成期待出現比市場平均價格還要高的股票價格時，你也要準備接受比市場平均風險還要大的風險。

當然偶爾會出現高收益的情況，但是從長遠持續的買賣結果來看，你賺到錢的機率最終不會出現超過指數上升（市場平均）的情況。

這猶如是把一枚硬幣投向天空出現其正面的機率有50%，再往天空上面投時出現正面的機率也是50%的，上述的其實就與投硬幣的道理是一樣的。

投資小叮嚀

大部分的投資人在股票投資中遭到莫大損失的理由可以解釋為他們只盲目追求收益，而忽視了股票投資的風險性。

第六篇 section 2

成功投資之困難處

信用融資交易中，也是買方居多，從資券比來看，融資餘額比較大的情形很常見。

怎樣才能保持身體健康維持高品質生活呢？相信很多人對這樣的問題都會有相同的解答，只要不抽菸，不喝酒，而且做適當的運動，再保持攝取均衡的營養及充足的睡眠就可以了。

吃什麼樣的食物可以攝入營養，睡幾個小時，做什麼樣的運動，這些都必須由自己來決定，在此同時光說光想不練的話，就會漸漸失去健康。

人們往往在股票投資中失敗的原因就是因為沒有掌握成功的方法，再者就是為所欲為。

在前面章節說明價值投資和技術性買賣時，就涉及並講解到了確保安全地帶與成功投資者的共同的買賣原則。但在實際交易中，股票的選定與買賣時機的選擇，都是有投資者本人自己親自來決定的。還有，在實際買賣過程當中，你會深深體會到遵守成功投資者的原則是多麼難的一件事情。

如果知道吸菸對健康的危害的話，總要比不知道其事實的人戒的快，假設當感覺到了身體有所不適，要把煙戒掉的那種慾望會更強烈，甚至去了醫院之後，得到醫生的最後宣判，沒有幾天可活時，大部分人會想盡辦法地去戒菸。

如果你是正捧著這本書的讀者，而且因為股票投資而遭受損失的話，一定是在用不恰當的方法進行著買賣，並且如果繼續沿用那方法就只能一直損失下去，這是無庸置疑的。

不管是戒菸一事也好，其他事也罷，最重要的還是看你所持的態度。股票投資也不例外，為進行成功投資，我們必須正確認識錯誤股票買賣所帶來的風險性，同時也要磨練能夠進行成功投資的那份決然的態度。

在實際股票投資中盲目的猜測股價，其結果將表現為市場平均報酬之下，進行股票交易時，決定賣出的時機遠比決定買入股票的時機還要難得多。其理由就是在買入的時點上不買入股票的話，只是說失去了獲得收益的絕好機會，不會受任何一點損失，但是在賣出的時點上，不及時賣出可能就會受到巨大損失。而且持股者所承受的心理壓力比持現金者的壓力大得多。

就因為這些種種因素，所以要維持正確的判斷也更難了，持股者所承受的心理壓力，在盲目選擇投資時那種不安感就會表現的更強烈，並且判斷力可能也會大打折扣。

因此長期來看，依靠選擇個別股來追逐獲利，是很不容易的事情，正因為這種原由，諸多機關採取的是依靠電腦程式的機械性交易方式，為了得到與股價上漲程度相當的收益，還買入市場上各種ETF來進行投資。

是否進行盲目的投資，這不只侷限於股票選定方面。如果投資者用大量資金來買股票的時候，只要股價稍微有所下跌，也會遭受極大的損失。

從銀行貸款，或用融資的方式來買入股票的話，即使是買入了相對跌幅較小的股票，投資者所承受的心理壓力及其表現效果是跟盲目地買入選定股的情況是一模一樣的。

雖說自己花在買股票的錢比起自己的家產算不了什麼，而且除非這個投資者與一般人不一樣，在進行股票交易受損之後也毫無動搖，依舊表現得很自然，盲目性交易最終只能落為失敗。

我們假設進行如下的遊戲：投擲一枚硬幣後，出現的是正面的話，就可以得到原投注金五倍的收益，相反出現的是背面的話，就會失去原來的投注本金。

乍看就會覺得是一場具有極大魅力的遊戲，但是碰到這種遊戲就會盲目地下賭注，這樣依據機率法則最終你會落個一敗塗地。包括原來的投資本金，把這全部下賭注的話，終有一日是會出現錢幣的背面，所以這是一個亙古不變的老道理，光靠賭博般的投資方法，最終還是會遭慘敗的。

如果用一千元開始，每次以原資金的90%下賭注的話，其結果會是什麼樣呢？它只不過是時間性的問題，結果一定會把錢全給輸掉。如果拋十次硬幣後出現五次的正面，出現五次的背面的話，在這遊戲中包括原投注金投下90%的人，經過十次的遊戲後可以有二十一萬元的資金。

按照機率推算，這人在進行第二十次遊戲之前會把錢全部輸掉。即使是其他的假設都是一樣的，連續十次的遊戲之後，以80%下賭注的的話，最後資金是四〇八元，以70%下賭注的話，資金是一千九百二十五元，60%的話資金是四千六五三元。

起初用一千元，當我們做如下遊戲：如果全部猜中的話會得到其原資金五倍的收益，相反就會失去全部資金。做完十次後如你猜中五次，沒猜中五次，各都佔一半時，按其投資比率（以10%下賭注）最終遊戲結束之後，看似極有誘惑力的遊戲。

當以40%下賭注時其收益是最大的，要以80%以上下賭注的話只能說是時間性問題，最終會變得一無所有。

當然股票投資也不能說因股價下跌而失去所有金額，但是利用融資來買進急速下跌的股票的情況，實際上與把全部資金下賭注的情況別無區別的。

即使是其投資方向相同，給予五倍金額的保障的遊戲，也會出現與上述同樣的結果。即使方向相同僅靠一次的買進得不到上述保障的股票投資中，盲目地進行買賣的結果毫不意外的也會一模一樣的。

再舉類似的例子，假使在能夠猜中50％的遊戲中，如果猜中的話就可以得到二倍的收益。沒猜中的話就會失去50％的資金，再繼續下賭注的話只能撈回一點本罷了，如在猜中的情況下得到的收益或是不到原投資金的二倍，如猜錯，就會失去原資金的50％，這樣最終也還是會落到失敗的尷尬境地。

投資小叮嚀

人們往往在股票投資中失敗的原因就是因為沒有掌握成功的方法，再者就是為所欲為。

第六篇 section 3

長期投資不一定賺錢

即使是不使用融資，其受損失的情況在連續小虧的話最終損失也會變得很大。

如果你是有過股票投資經驗的，就會不難發現誰都會有慘遭損失的事實。

但是作為股票投資者，想要成功進行投資的話，絕不能因一次慘痛的失敗就一蹶不振，心中只一味牽掛著其損失的錢遲遲走不出來，那麼為了避開致命的資產損失，我們應該怎麼做呢？我們要從如何遭受損失的分析中來尋找答案。

進行股票投資而受極大損失，首先是因為我們沒有掌握住等待絕好時機賣出股票的技巧性，如果正確把握了賣出股票的絕佳時機，即使沒有選定好投資股其實也不會造成致命的打擊。

但是用過多的資金來買進股票的話，即使熟練掌握了及時賣出股票的技巧，也會遭受相當程度的損失。假設我們制訂如下原則：在買入價格下跌5％時要及時賣出手中持股。在此原則上，利用融資買進原投資金二・五倍的股票時，5%停損的話，結果還是會造成原投資金額的十二・五%的損失。

所以當我們利用融資操作時，要把盈利訂的低一點，但是價格也不能訂的過低，因為如此一來，在股票價格波動較大的話，往往會錯失股價重新上漲，所以這種買賣不能算是正確的方法，因此我們要盡可量避免過急的融資使用。

然後就是正確把握好賣出的時機，即使是不使用融資，其受損失的情況在連續小虧的話最終損失也會變得很大。投資者遭受莫大損失最主要的原因，就是在多次受損之後，會把最初嚴守的原則忘的一乾二淨。

且在興奮的狀態下，猶如失去理性般隨便進行股票投資。如果嚴格遵守其選定股票投資的原則，還是繼續遭到連續失敗的話，可能是市場處於空頭的趨勢，也應退場觀望，若在此情況下繼續進行股票交易，只能解釋為你被那誘惑行情勢力所利用，結果很容易造成你自身無法解決的大損失。

實際上，進行股票投資獲利是十分不易的事情，但是對於制訂原則後進行買賣的投資者，在連續遭受損失之後，切記盡量去忘掉其損失的金額，也不要去管現在市場的狀況，至少你要休息一陣子，讓自己冷靜。

經過連續挫敗的大多數投資者，只專注於對原投資金的回收，而做出買進跌幅較大的股票等投機性交易，但是在十分焦急的情況下的股票交易，更會加重投資者的心理壓力。

面對這些狀況，即使股票市場還未達到他的進場原則，投資人能夠正確把握買賣時機的可能性也是極小的，幾乎接近於零。即使你成功地選到了好股票，而且這些股票正處於強勢上漲階段，但也絕不會讓那些處於興奮狀態的買進者獲得更大收益的。

因為那些興奮的投資者提供買進機會的所選定股即使再上漲，只要出現股價大幅度的波動，嘗過連連幾次失敗滋味的投資者，就會因為那份恐懼，再也無法忍受股價的大幅度下跌。耐不住性子急於賣出股票的人，就無法享有股價飆漲的利益。

在這種投資者中大部分反而會變得更加遲鈍，最終還會選擇買進正在回檔的股票，並一直會把它握在手裡不放。最後導致股票投資者慘遭失敗的原因，就是保有現金的時間太短。

大多數投資者就是覺得手持股票比手持現金還要踏實的多。因為他們總是認為：如果因手中沒有股票而失去千載難逢的好機會，豈不是太可惜了嗎？所以持現金反而覺得更加不安。

正因為這種心理，大部分投資者的買賣就可以分為以下兩個類型：一是只做短線的投資者；二是買進股票後長時間保管的投資者。其實這兩種投資者都很難獲得收益。

到了股市下跌期，你不僅要賠掉金錢而且還要付交易費用，這樣就等於遭受雙重損失，這其實就是最悲慘的買賣方式。站在交易大廳裡注視著股票交易螢幕的股票投資者，大部分都是採取這類型的買賣行為。買進股票又長時間持有的話，根據進場點的不同，有時會變成很好的投資方法。

前面也提過價值投資者的買賣方式，正是買入那些市場並不看好的股票，直到得到市場的公認好評為止，在此之前，一直保管於手中。

但是，我們現在所說的長時間持有股票的投資者，是指那些沒有正確的賣出標準而進行盲目買賣的行為，正因為如此，即使是股價高於公司價值，只怕還是會失去繼續獲得收益機會而放棄拋出的時機。

到時候，股價一旦開始下跌的話，就一味地只想最高點時的股價卻不能把股票拋出去。我現在所說的投資者就是上述類型的人。這種情況往往會出現在保有優良股的投資者身上。

下頁圖是幾年被視為電子股的龍頭宏達電。如圖所示，當時股價最高衝到一千三百元，到了二〇一四年竟只剩一百多元，不知以後以後還有沒有辦法衝過千元。

同樣的，曾經高居全球個人電腦銷售第二名的宏碁電腦，在二〇一〇年時股價也曾創下一〇五元的高價，短短三年後就跌到只剩下十七元。這些股票在過去都是長期投資績優股，結果反而讓長期持有人受傷慘重。

宏達電月線圖

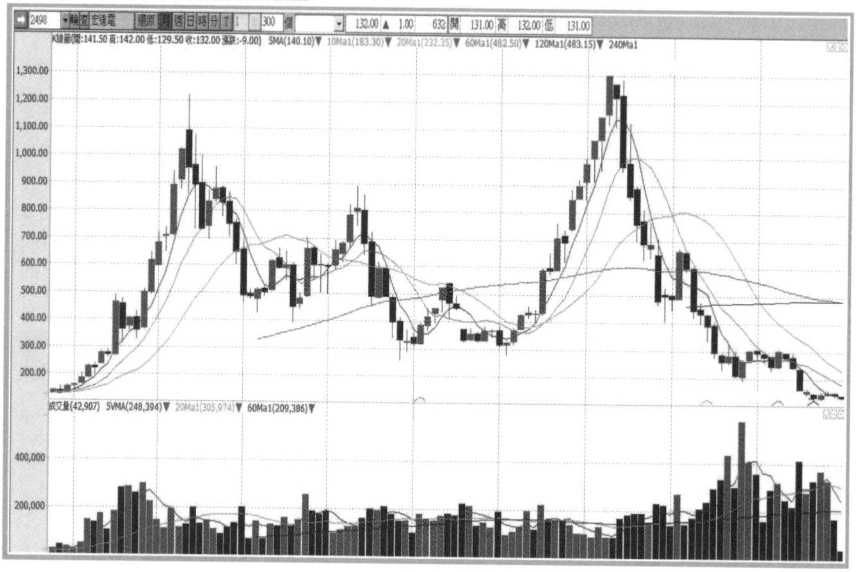

宏碁月線圖

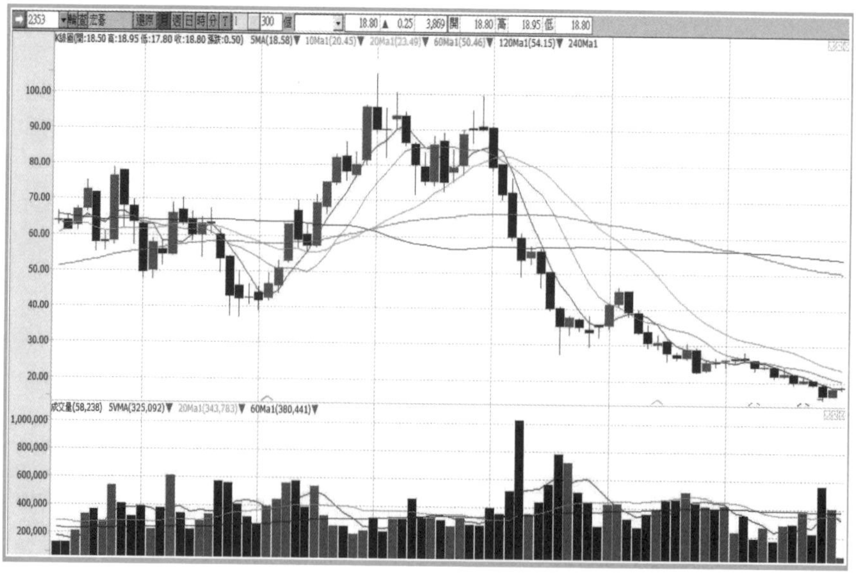

此頁圖片來源：永豐金e-Leader

當然其他像台塑集團的股票、中鋼、中華電信等或能稱得上價值型股票，卻透過與企業的共同努力，能夠讓長期投資人賺錢。但是這樣的股票在市場還是佔少數的。

如果你注意到企業長達十年以上的股票動態的話，就會體認到至今在股市中沒有原則，而以長期投資想得到收益是多麼難的一件事情。

投資小叮嚀

如果你是有過股票投資經驗的，就會不難發現誰都會有慘遭損失的事實。

第六篇 section 4

獲取收益的有效買賣方法

根據選擇股票的原則，抓住買進股票時機。

要在股票投資中獲得成功的話，應該怎麼做呢？很簡單，只要跟前面所提到的遭受巨大損失的方法反著做就可以了。

在區分股票市場其上漲強度的時候，我們可以採用諸多方法。例如可以採用上漲股票的品質和其上漲股票數的交易量來分析的方法。

如果績優股的價格上漲，我們就可以斷定其品質是好的；如果上升股的數量也多，也同樣可以斷定在市場當中有相當的買入價值的股票。

如果符合於買入原則的投資股票，突然有靠近並集中於投機股，我們就應該暫時放棄投資來避免不必要的損失。

經驗之訂立

大部分投資者之所以不能很好地掌握對於損失的管理，在第一時間賣出股票的理由就是：這些投資者老是抱有股價會重新反彈的想法。

那些既做不好對於損失的管理，又遭受巨大失敗的投資者們，經常把這樣的話掛在嘴邊：「我就不信這股價沒有攀升的那一天」。當然，股價有時候真的也有過他們所說的那種情況。

但是事實上，跌得一去不回頭的情況比終於反彈的情形還要來的多。如果行情脫離支撐線的話，就會很容易下跌走空。這種情況都已被市場所統計並已得到了證明。即使是這樣，大多數股票投資者們還是一如既往地堅持其相反情況，而不把握時機果斷地拋出股。因為當時按著其反面情況照做的話，起碼當時在心理上會感到特別的舒服與踏實。

大多數人都有著這樣的傾向：盡量避免麻煩又難的事情，只顧及自己當時的心情。但是在股票投資中，相伴於機率與過去的統計，錯誤的期待莫過於一種僥倖心理。股票投資資金的規模對大部分投資者來說，並不是一筆能夠單憑其僥倖心理而進行交易的金額。

到現在為止，我們利用不同的角度講述了成功之正確投資方法及失敗之風險投資方法。當然我們會一直給大家講述這個問題的。

但重要的是投資者需親身體驗投資原則，並要在實際生活中能夠靈活運用，透過以上實踐來慢慢訂立屬於你自己的細微的、周到的、整體性的投資原則。

為了達到這一步，我們要付出很多努力。如讓自己親自投身到股票買賣的第一線，還有經常確認股票賣出後股價的波動情況及價格。

投資小叮嚀

之所以不能很好地掌握對於損失的管理，在第一時間賣出股票的理由就是：這些投資者老是抱有股價會重新反彈的想法。

4種有效獲取股票利益的方法

第一·根據選擇股票的原則，抓住買進股票時機。

第二·如果股票沒有如你所願進行的話，你就要做出判斷，到了該賣出股票的時後不要猶豫不決，要果斷乾脆地拋出。

第三·要是連連遭受損失的話，為了讓你應付沉重壓力的心有個緩解，也要休息一段時間。

第四·當股票處於上漲期時，盡可能要握在手中好好保管。相反的處於下落期時，手中持有現金的話就更安全了。

MEMO

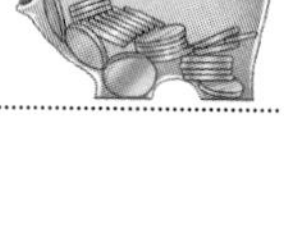

Part 7

股市高勝算操作策略

可以採取「分批佈局，分批出場」的高勝算策略。

第七篇 section 1

股市5大必賺心法

要在股市穩健獲利，就是讓每一次的操作過程都是大賺小賠出場。

投資股票這麼多年來，我認為除了基本面和技術面的基本功外，最主要的就是要有正確的投資觀念，我特別提出以下幾個股市必賺心法，讓投資人在買股票時，可以穩健地獲利。

一、耐心和信心

投資股市第一步，就是用基本面和技術面判斷多空，接下來便是在趨勢是多頭的時候買進股票，趨勢是空頭時賣出股票。在股市空頭的時候，要以耐心等待買點，而在股市多頭的時候，要用信心抱牢股票，等待賣點，這是最基礎的投資股票概念。

不過投資人在真正買賣股票時，會遇到一個問題，就是在跌的時候買進會害怕，因此經常不敢買進，結果往往錯失了最佳買點；而在股市大漲的時候，捨不得賣出股票，結果又進入套牢股票的日子裡。因此，若要跳脫這樣的命運，就要努力培養耐心和信心，你越能夠控制自己的情緒，自然能夠在股市裡無往不利。

二、大跌是獲利的開始

股市有句名言：新手怕大跌，老手怕盤整。

對我而言，我已經經歷了無數次的景氣循環，對於股市大跌，我也有自己的一套應變措施，一般來說，我在股市剛剛開始大跌時，不會馬上去買股票，以免越買越跌。

股票在跌時，通常又快又急，因此有人會形容股市大跌時像落下的刀子，正在落下的刀子，不要隨意伸手去接，要等到刀子掉到地板時，在從容的從地上撿起，對於股市來說，就是要等股票落底時，再從容地去分批佈局。

股票要落底的訊號有很多種，除了傳統的技術指標以外，我會密切注意股市的成交量，因為若成交量創新低，股價卻不往下跌時，代表的意義是想賣股票的人已經賣的差不多了，剩下持有股票的人，股價再怎麼跌就是不賣，而這個時候就是股市確定落底的訊號，而我則會準備開始買股票。

股市的底部通常盤整很久，因此我不會一次就把資金重押買到滿，會採取分批佈局的方式，一批一批地買進看好的績優股，如此一來，我不只分散了風險，而且還能培養我的耐心，因為買進股票後，剩下的唯一工作，就是用耐心和信心來等股票上漲。

三、賺多賠少

當我買進股票大漲時，我不會跟其他一樣，賺了幾毛錢就賣掉，我會續抱至中長線指標翻轉，確定漲不動了，我才會賣掉股票出場；不過若當我買進股票大跌時，我不會一直抱著不管，我會嚴設一個停損點，因為股票一直往下跌，表示當初買進的預估錯誤，因此在下跌超過10％，我會毫不考慮的停損出場。

總而言之，在我這二十幾年來的投資生涯裡，我認為要在股市穩健獲利，就是讓每一次的操作過程都是大賺小賠出場，若能長期保持著大的獲利和小的損失，自然很快就能讓自己富有起來。

四、資金控管

很多投資朋友會很害怕買進股票，或是捨不得賣出股票，最大的原因就是想把資金一次就買滿或是一次賣掉出清，因此，若要避免經常有這樣的心態產生，最好的方法，就是控管好自己的資金。

我建議投資新手可以採取「分批佈局，分批出場」的策略，也就是說，假設你打算買進十張股票，那麼你可以分成十次買進或是五次買進，並且每次買股票的時間可以隔兩週以上，如此一來，即使買進股票繼續下跌時，你也還有資金可以再加碼。

當股票越漲越多時，也千萬不要高興太早，要知道若沒有把股票賣掉落袋為安，那麼帳面上的獲利，就不算你實質的獲利。

因此，在股票上漲時，建議你可以自己設一個停利點，例如報酬率20%開始賣股票，並且也是採取分批賣出的方式，你自然不會因為貪心過度，最後沒有辦法賺到錢。

資金控管對於股票操作尤其重要，不管你目前的資金是多是少，你都要學習如何控管好自己的資金，因為這是一個可以把股市風險分散掉的最好方法，而且也可以糾正自己想從股市裡短期致富的錯誤觀念。

五、停損是反敗為勝的開始

最後一項必賺心法是停損，停損的觀念我之前有提到過一次，我會之所以把停損的觀念再獨立出來，就是因為這些年來，我看過太多的投資朋友買在股票的最高點，因為「捨不得」的關係，結果就從最高價直接抱到腰斬再腰斬。

我給大家一個簡單的例子，一檔股票一百元跌到五十元，是跌了50%，但是若要從五十元漲回一百元，卻是需要漲一〇〇%的投資報酬率，才有辦法解套，由此可知停損的重要性。

若你能在股價跌至九十元、八十元甚至是七十元時，勇於停損出場，那麼下次要再次反敗為勝的機會還是在的，但是很多朋友來找我時，通常股價已經至少跌了50％，這時不只停損已經太遲了，而且股價會跌這麼多，代表很可能這檔股票的基本面有了重大的變化，很有可能會繼續再往下跌。

停損是投資股票最重要的一項心法，會當機立斷賣出股票的人，才是會在股市賺大錢的人，我會建議你要以股市的大趨勢為主要判斷的依據，當你判斷一個波段行情即將結束，那麼你要勇敢地停損出場，這就叫做：「留的青山在，不怕沒柴燒。」

5大股市最賺心法

1、遵守投資紀律－要有耐心、信心等待機會。
2、大跌是獲利的開始。
3、賺多賠少。
4、資金控管。
5、停損是反敗為勝的開始。

第七篇 section 2

活用現金股利和本益比

價值型股票：獲利穩定 ⇒ 股價波動小
景氣循環股：獲利不穩定 ⇒ 股價波動大

這麼多年以來，我深刻感覺到要在股市裡賺錢，不只要有長期投資的觀念，最重要的，你需要懂得如何活用股利和本益比，股利和本益比是判斷一家公司基本面最好的方法，這兩項指標將幫助你選出最優質的股票。

現金股利

會想賺價差的投資人，其實嚴格來說，應該統稱為「投機客」才對，要當「投資人」應該是要以賺取每年的股利為主，賺價差只是額外的一些獲利而已。

股利有分股票股利和現金股利，一般來說，高股價的公司發股票股利較多，低股價的公司發現金較多。這是因為發股票雖然不必立即支付現金，但會使股本變大，長期下來，股價的趨勢會往下跌，而且因為公司必須賺更多的錢，才能維持相同的每股獲利，所以造成對經營者的壓力就非常大。國外的公司其實都是發現金股利較多，因為經營者的理念通常是：「若公司有賺錢，就應該用現金回饋股東。」除非因為公司有資金需求才分割股票股利來籌措資金。

過去台灣的電子公司喜歡發放股票股利，不過隨著競爭者殺價競爭，造成公司的毛利越來越低，也使得公司的經營壓力很大，所以近年來，電子股也像傳產股一樣，寧願每年多配一些現金回饋股東，也不輕易發放股票讓股本不斷膨脹。

活用本益比

本益比人人會用，但是要在股市賺錢，不只是「買進低本益比的股票，就等著股票漲」這麼簡單而已，必須要懂得活用本益比，尤其觀察公司的營收、獲利來源和產品的發展性。

一、營收正常

營收就是一家公司的現金流動，對於上班族來說，每月的薪水就是上班族的營收，若是上班族每月都把薪水花光光，還去借錢來消費，那麼便會開始負債，長期下來就變成如今的卡債族。

公司治理也是如此，在資產負債表上，要觀察公司所賺的錢，是不斷買進賺錢的資產，還是不斷亂花錢裝潢公司或是買高級車子，我看過了上千位老闆，幾乎成功的老闆都是非常節儉，生活水準也比他當初創業時好一點而已。

所以在買進公司的股票時，要觀察公司的營收報表是否正常，然後再從股價來推估本益比，若是你找到一家公司賺了很多錢，但是本益比小於十倍，那恭喜你，你可能找到了一支飆股。

二、本業賺錢

一家公司主要的營收來源，必須依靠自己公司產品的獲利，才是一家實實在在的公司，最近幾年，我看到一些公司本業不賺錢，每年的財務報表都依靠著賣出本身公司的股票，或是子公司的獲利，這樣的公司便不值得推薦給客戶投資。

目前有很多電子公司，在網路泡沫前擁有上百元的股價，如今都只剩下十幾元，這些公司的產品黃金周期已經過去，因此經常要依靠著轉投資獲利，所以你可以很輕易觀察到，即使這些公司長期處在低本益比的狀態下，但是股價仍然缺乏上漲的動能，最主要的原因，就是因為本業不賺錢。

三、產品發產性

從公司的本業賺不賺錢，我們還可以衍生出是不是這家公司的產品是不是已經落伍了，因為公司產品必須不斷的創新和進步，才能持續保有競爭性，市場就會給予這家公司較高的本益比。

以晶電和已經下市的台光為例，這兩家公司基本上都是生產「會發光的產品」，不過由於晶電生產的商品是ＬＥＤ，這是一種既省電又耐用的新產品，而台光生產的是日光燈，這已經是一種不環保又不耐用的舊產品。

因此市場給予兩家公司的股價是晶電享有三十至四十倍的本益比，而台光如今已經下市，前陣子我們還可以看到新聞上，有些台光的員工抗議公司沒給資遣費，因此在觀察本益比時，還要觀察一家公司的產品是否具有發展性。

景氣循環股和價值型股票

在運用本益比來投資時，你會經常遇到一個情形，就是你在買進低本益比時，股價往往是最高的時候，而賣掉高本益比時，又經常是在股價低檔區，會造成這樣景氣循環股由於營收高低落差很大，在公司非常賺錢的時候，就會產生低本益的狀況，但是股票卻會領先反應未來的不景氣，因此便會開始下跌，所以用本益比來推估景氣循環股的股價是不合理的。

景氣循環股最重要的代表公司便是面板股，景氣循環股因其獲利變動極大，故「本益比」的指標比較不具有參考性。不過價值型的股票表現卻則剛好相反，當本益比在低檔區時，代表股價已經來到低檔區，那是因為你買到景氣循環的股票。

投資人可以逢低佈局價值型股票的股票，這些公司通常都在傳統產業股，例如台塑集團股，就是我所觀察到最符合價值型股票的條件。

現票股利VS.現金股利

現金股利	計算方式為每股現金股利＊持有股數，也就是公司每年配給你的現金
股票股利	計算方式為：你持有的股數＊（每股股票股利／面額１０元），代表你可拿到一定比例的股票，也就是俗稱的「股兒子」。
舉例說明	假設你有一張華碩也就是1000股，公司發放1元現金及3元股票股利那你可以拿到：1*1000=1000元的現金， 1000*（3/10）=300股的股票

第七篇 section 3

活用KD和MACD

用MACD確認買點，用KD死亡交叉確認賣點。

在技術分析上，KD和MACD是我運用的2個重要指標，雖然這兩個技術指標並不是百分百準確，不過只要配合停損和停利的觀念，自然可以讓自己的投資操作大賺小賠。

KD指標

KD值分為兩項指標，K值與D值，分別可連結成K值線與D值線，一般而言，K值變動的速度會比D值快，當股價處於漲勢時，K值會大於D值；處於跌勢時，K值則會小於D值。

K值與D值都介在零到一百之間，投資人可藉由KD值的變化，來判斷股價的相對位置是高或低，當K值與D值皆進入八十以上時，就是屬於超漲區時，要準備賣出股票，但如果K值、D值進入二十以下時，是屬於超跌區，投資人應準備找尋

用MACD黃金交叉確認買點

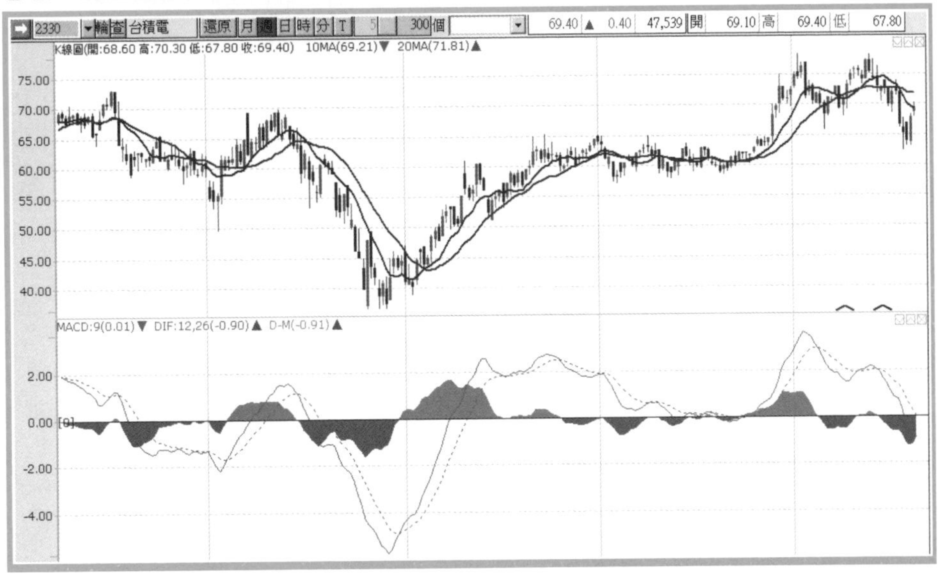

用KD死亡交叉確認賣點

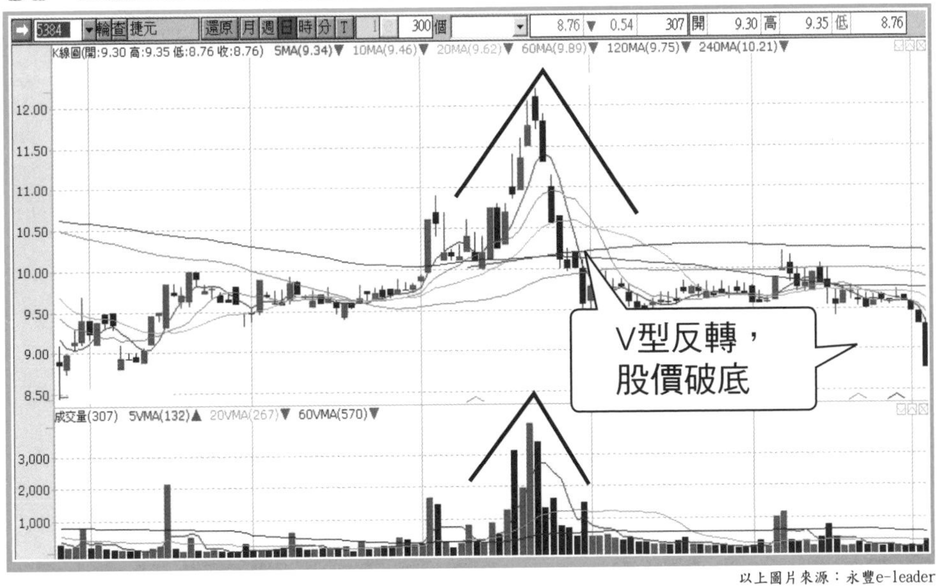

以上圖片來源：永豐e-leader

買點。KD的指標準確率極高，可以作為投資人波段進出的重要指標。

唯一的缺點是在盤整期會有不斷的訊號出現，在大空頭時期甚至會讓你小虧，但大波段行情幾乎都能抓到，符合「大賺小賠」的原則，此外，投資人若能嚴格遵守分批買進原則，可以讓你安全度過底部盤整的時候。

MACD指標

MACD的原理也是利用快速與慢速兩條指數平滑移動平均線，來判斷股市或個股的買進或賣出時機，不過因為MACD平均線比較平滑，因此可以避免像KD常出現假訊號的缺點，找出股價真正趨勢方向。

當股價處於漲勢中，短期（快速）移動平均線及中期（慢速）移動平均線間的差距會愈來愈大，如漲多整理時，兩者間的差距會縮小或交叉；在跌勢中，短期均線會跌破中期均線，且在中期均線之下，兩者的差距會隨著跌勢加劇而擴大。

活用KD和MACD

KD和MACD這兩項指標是股市入門的技術指標，但是很多人因為不會運用，造成跟著指標操作，卻在股市裡賠錢，進而覺得這兩項指標不好用，結果又去找尋更好用的指標，或直接再去詢問哪有股市明牌，又陷入了股市賠錢的循環。

其實我在運用KD和MACD時，是抱持著幾個簡單的觀念，就是要能在股市長期裡大賺小賠，所以這些年不斷運用這兩個指標，從中悟出一些方法，讓指標的準確性大幅提高。

首先，股市在低檔盤整總是很久，短則幾天，長則可至數星期，因此股票的買點，我會用「MACD」黃金交叉的策略，來確定股票的買點，因為MACD指標可以確認趨勢的方向，因此當多頭趨勢來臨時，我會用MACD來確認趨勢。

當買進股票後，我不只會觀察MACD的柱狀圖變化，還會再加入KD指標，因為KD指標的反應速度較快速，所以我會用KD來找尋適合的賣點，因為股票在下跌前，幾乎都沒有什麼徵兆，有時突然一個利空來，就引發股市的大跌。

這時就可運用KD指標，當KD指標來到八十以上的超漲區時，就開始減碼股票，而當KD確定死亡交叉時，就毫不考慮的出清所有股票，即使KD指標高檔鈍化，少賺了後續上漲的行情，但是卻可以保護自己避免資金損失的風險。

投資小叮嚀

投資人若能嚴格遵守分批買進原則，可以讓你安全度過底部盤整。

第七篇 section 4

觀察融資融券與股價的變化

融資融券關係其實不難理解，尤其若是以大盤的角度來觀察，更可以得到印證。

所謂融資就是和證券公司借錢買股票，依法律規定，上市公司借六成資金，所以投資人只要付四成資金，一般來說股價在低檔融資餘額增加，代表大家看好這支未來發展。

但是股價卻不一定會馬上漲，融資餘額可以配合成交量來觀察，若是成交量伴隨著融資餘額增加，那代表投信主力的資金都在這檔股票裡，這檔個股也比較高容易成為熱門股。融資餘額增加代表有主力默默吸籌碼鎖起來，將來股價一旦發動將一發不可收拾，但是這項觀察指標比較適合小型股，因為大型股的股本太大，融資餘額所佔的比例很少，因此大型股的融資餘額就比較不具短線的參考性。

融券代表投資人跟證券公司借股票來賣，所以融券餘額增加代表有人看壞這支股票未來的行情，但不代表這些投資人是對的，很有可能看錯而成為嘎空行情，但是也有特定主力看壞股票，而特意用融券去打壓股票或聯合炒作都是投資人不可不防的。

若看到融資餘額和融券餘額同步上漲，如果說股價也同時上漲，代表融資的力量大於融券的力量，因為融資是借錢買股票，融券是借股票來賣，照理來說應該會相互抵消。但是如果呈現上漲，表示賣出融券被買盤力道給超越，將來如果股價持續上漲，空方會因為保證金關係強制回補，而演變一段噴出行情。

反之，如果股價下跌融資餘額過高，反而會因為斷頭而被賣出，容易成為多殺局面而變成崩盤情形，融資融券關係其實不難理解，尤其若是以大盤的角度來觀察融資融券，更可以得到印證。如圖所示，一個完整的多頭和空頭行情，可以用八個階段融資融券與股價的變化來觀察。

第一階段的多頭行情，總在融資斷頭的時候產生，這時也是所有散戶最恐慌的時候，股價呈現破底的狀態，這時也是證券公司發出追繳令的時刻。

在第二階段時，股價開始緩慢上漲，但是散戶已經被嚇怕了，所以融資繼續下跌，而代表放空的融券繼續上升，這是因為看空的人認為股價還會大跌。

在第三階段時，由於股價開始大漲，因此散戶的信心又回來了，所以融資開始上升，但是看空的不認輸，想等跌的時候再回補空單，所以融券也繼續上升。

在第四階段時，股價進入末升段，所有散戶都陷入狂熱的狀態，認為股價會再大漲，融資呈現急遽上升，而放空的融券賠了大錢，於是開始認賠出場。

在第五階段時，由於股價呈現創新高，所以代表空方的融券在這時被斷頭出場，而這時由於所有的散戶都賺到錢，再把賺來的錢投入股市，所以融資繼續上升。

在第六階段時，股價開始崩盤大跌，而這是散戶不肯認輸，不只把之前賺來的錢投入，還去借錢來投資，代表空方的融券由於怕股價再創新高，所以也回補空單，造成融券跟著下跌。

在第七階段時，股價繼續大跌，這時散戶已經沒有錢加碼了，而有些人開始認賠殺出，所以融資開始轉為下跌，而空單的融券開始獲利，所以融券轉為上升。

第八階段就是第一階段，也就是融資被追繳，股價呈現破底的狀態，融資融券與股價成為一個完整的波段循環。

因此若是以融資融券的角度來觀察買賣點時，投資人應該是在第一階段，也就是所有人都在恐慌賣出股票時，開始買進股票，而在二、三、四階段時續抱股票，在第五階段時，所有人都在歡呼股價創新高時賣出股票，在六和七階段時，則是耐心等待股價落底。

融資融券與股價的8個階段

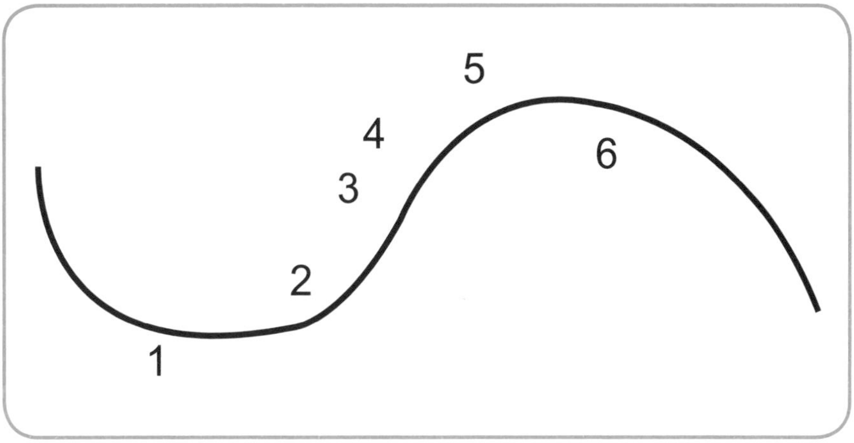

1. 融資斷頭，股價呈現破底。
2. 融資下跌，融券上升，股價緩漲。
3. 融資開始上升，融券繼續上升，股價大漲。
4. 融資急劇上升，融券開始大跌，股價進入末升段。
5. 融資緩步上升，融券被斷頭，股價創新高。
6. 融券繼續下跌，融資繼續上升，股價崩跌。
7. 融券轉為上升，融資轉為下跌，股價繼續大跌。
8. 融資斷頭，股價呈現破底。

第七篇 section 5

現股買進，長期持有

融資融券關係其實不難理解，尤其若是以大盤的角度來觀察，更可以得到印證。

融資是一個槓桿，基本上的原理就是你跟證券公司借貸一筆錢來投資，若是你買進上市公司的股票，你只需付四成的資金交割，其餘六成的資金由證券公司來幫你出，不過你還需要額外付利息給證券公司。

初玩融資的投資人，一定會很享受在只要付少少的錢，就可以賺到較多的錢，例如台積電現在若是五十元，代表一張是五萬元，你只需要準備二萬元，就可以跟買現股一樣，用融資擁有一張台積電，若台積電漲至六十元，代表了你賺了一萬元，也就是說，你本金只出二萬元，就賺到了一萬元，投資報酬率高達50％。

不過這是理論上的狀態，多數人買融資後，就是遇到股價在盤整區，但是因為買進股票的錢是借來的，當然會耐不住性子，看好像不漲了就賣掉股票，結果又回到炒短線去了，又陷入另一個惡性循環。有更多人用融資買進股票時，遇到多頭趨勢結束，整個行情呈現崩盤，每檔股票都呈現腰斬的狀態，

假設前述的台積電股價從五十元跌至二十五元，那麼就賠了二萬五，你不只連本金二萬元都賠掉，還要再補五千元給證券公司，而補不出錢的投資人就直接被證券公司強迫賣掉，就是俗稱的「融資斷頭」。

以上只是簡略的說法，實務上的操作是借錢給你的證券商為了自保，每天會計算你的帳戶維持率，一般融資買進上市股票維持率約一六六%，當跌破一二〇%，券商會寄發追繳通知單，通知你補錢或是賣掉、回補股票，如果第三天你還繳不出錢，讓維持率在一二〇%之上，便會強制賣出或回補股票。

由此可見，融資這項工具看起來是很好的槓桿，但是實際上卻是毀掉一個人最好的工具。

因為股市的利空消息總是突發的，完全沒有預兆，因此若要避免融資斷頭，最好的方法便是長期持有現股。

現股最大的好處就是，所有買進的錢，都是你自己出的，即使股價大跌，你若選擇不賣的話，頂多是長期住套房而已，若是下一波行情來臨時，說不定不只可以解套，還有機會小賺一筆，總而言之，投資股市的秘技就是：不用融資，只買現股。

因為每年股市開盤的日子，約有三百天，但是真正上漲和下跌的日子，不會超過三十天，也就是說，股市一年大約有兩百多天的日子，是處於盤整的狀態下，因此很多投資人經常在盤整區時，耐不住性子賣出股票。

通常當散戶賣掉股票時，就是股市開始起漲的時候，所以我會建議投資人持有現股，因為股票不漲的時候，大不了就放著等，一點都不用擔心還有繳融資融券利息的問題，只要單純地耐心等待就可以。

長期持有現股有個最大的好處，就是沒賺到股票的價差，還可以參與每年公司的除權除息，像台塑集團的股票，每年除權息下來的投資報酬率，都是定存的好幾倍，因此投資人若要在股市裡大賺錢的話，就是要長期持有現股

投資小叮嚀

融資融券關係其實不難理解，尤其若是以大盤的角度來觀察，更可以得到印證。

融資融券之費用

項目	政府徵收金額
融資、融券之券商手續費	買進金額×0.001425
融資利息算法	上市；成交金額×40%(持有天數X6.65%／365) 上櫃；成交金額×50%×(持有天數X6.65%／365)
政府收的證交稅	買進金額×0.003
證券商收借費	買進金額×0.0008
融券時券商所付的利息	保証金×（0.05／365）×天數

MEMO

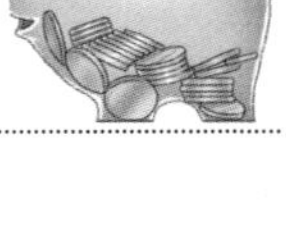

Part 8

建立自己的投資哲學

當你要投資一檔股票時，要以該公司的經營者來思考。

第八篇 section 1

美國股神 華倫・巴菲特

若是以公司經營者來持有一檔股票，所關心的地方是公司的股東權益報酬，是否長期維持在一定的水準。

走進台灣的任何一家書店，若你逛到財經理財區，你將會輕易發現「巴菲特」三個字，巴菲特是美國投資大師華倫・巴菲特的簡稱。

書店所有的書，除了《巴菲特寫給股東的信》這本外，沒有一本是巴菲特所寫的，有些是國外書籍翻譯進來，也有些是國人根據對巴菲特投資的觀察所寫。

巴菲特本人其實非常低調，他並不想出版自己的投資哲學，反而是將所有的精力，專注在公司股東的權益上，也就是維持他長年來的工作態度：不斷尋找適合投資的股票。因此，每年兩次的股東大會，便成了唯一接觸巴菲特的機會，因此每年全球的巴菲特迷，都爭相前往參加。

巴菲特之所以這麼獲重視，就是因為國人近年對「價值型股票」越來越關心。

所謂價值型投資，就是在挑選適合投資的公司時，不只單看公司的有型資產，而是要連無形資產都列入參考，最好的一個例子就是美國可口可樂公司。

巴菲特不只看中可口可樂長期穩定的成長性，對於「可口可樂」的品牌，更是覺得沒有其他的飲料公司能夠取代。因此，他曾說：「如果你給我一千億美金，要我奪走可口可樂在全球飲料市場的領導地位，我會把錢還給你，然後告訴你這是辦不到的」。

以企業經營者來投資

巴菲特帶給世人一個非常重要的投資觀念，就是當你要投資一檔股票時，要以該公司的經營者來思考，而不只是投資者。因為投資者講究的是，自己投資的資金能賺回多少，而公司經營者卻是以如何創造最大的盈餘，使公司股東得利，這兩種心態，將會造就投資人不同的投資行為。

若單純只是投資者的角色，所關心的只是股票的漲跌，很容易短進短出，並且因為很多突發性的事件，造成對於投資時機無法正確的掌握，這樣的投資行為美其名是「投資」，事實上是在賭股票的上漲，以求取賣出後的價差利潤。

若是以公司經營者來持有一檔股票，所關心的地方是公司的股東權益報酬，是否長期維持在一定的水準。對於股票短期的漲跌，其實根本不用去在意，所要關注的，反而是公司每年的股息股利是否發放正常，所以巴菲特的每一檔股票，平均都持有八年以上的時間，有些股票他甚至宣稱一輩子都不會賣出。

巴菲特選股邏輯

坊間許多有關巴菲特的書籍，都有介紹他如何根據公司本身的價值來定一個合理的價位，一旦股價跌到這個低檔區，投資人便可以毫不猶豫的買進。

我認為這些介紹巴菲特選股的方式，固然有其道理，但是依然沒有達到「巴菲特精神」的選股。

巴菲特非常注重公司的永久性和成長性，他認為能夠長期在全世界的市場中生存，維持一定的競爭力，長期能夠穩定的成長，就是一間不錯的公司。投資人所要做的，其實就是在等這家公司發生什麼倒楣的突發利空，一旦遇到低價時，就毫不手軟，大單的敲進這檔股票。

巴菲特在挑選股票就像在選老婆一樣，不只是看中人的外表，而是要關心其內在的價值，並且一旦選定了，就不三心二意。

所以他在投資股票時，不會輕易地把資金分散投資，而是把火力集中在最好的幾家公司，一直到現在，巴菲特所持有的股票，依然用手指頭就可以輕易算出。

華倫・巴菲特一開始並不是我喜歡的投資大師，因為我認為他的投資太枯燥了，攤開他的投資組合，去年和今年的持股相比，永遠都是差不多的。但是隨著投資經驗的累積，我發現原來投資股票就是要越平凡越好，因此，當我再度開始研究巴菲特的哲學，每一次閱讀時，總是從中感受到不一樣的投資智慧。

我最佩服他的，就是華倫・巴菲特獨特的耐心，他曾經說過：「我比較喜歡賺錢的過程，而不是它的收益，不過我也已經學會去忍受收益的存在了」。

其實投資人在投資股票時，不用太在意投資的成果如何，而是要關心在投資過程裡，是否做到自己應做的工作，長久以來，我都勉勵投資人在投資股票時，都要用巴菲特精神來投資。

投資小叮嚀

若單純只是投資者的角色，所關心的只是股票的漲跌，很容易短進短出，無形中損失屬於自己的利潤。

第八篇 section 2

德國股神 安德烈・科斯托蘭尼

科斯托蘭尼認為真正的投資人是思考的人。

德國投資大師安德烈・科斯托蘭尼所著的《一個投機者的告白》，是我最喜歡的第一本財經書。

若你是股市新手，一開始可以從這本書中，得到很好的投資觀念，使得在投資股票的初期，就能避免很多股市新手會犯的錯誤，並且能夠快速的累積寶貴的投資經驗。

科斯托蘭尼使我佩服的一點，其實不在於他如何靠著投資致富，而是表面上看來，他似乎愛錢勝於一切，但是在他的心中，還是有神的存在。

他把神置於金錢之上，神自然會賜恩典給他，科斯托蘭尼後期，主要都是運用他的投資經驗，和獨特的見解，透過文字讓世人體會他一生投資的智慧結晶。

投資的藝術

雖然科斯托蘭尼在書中謙稱他是一名投機者，不過我卻認為他是一名不折不扣的投資家，因為他能夠運用他與眾不同的思考，來面對他的每一次投資決定，同時在他八十年的投資生涯裡，領悟到投資是一門藝術，而不是科學。

這也說明了為何現代人，拼命去研究股市的基本面、技術面、籌碼面等資訊，依然還是很難從股票市場中致富，因為投資的技術不能用科學來量化測量，反而要像藝術家一樣，擁有浪漫的情懷，和豐富的想像力。

科斯托蘭尼認為真正的投資人是思考的人，而這是學校所無法教導的，因為學校所傳授的課程，基本上是要學生認同書上的知識。

說明白點，就是使學生無法盡情地思考，因為如果想太多，就無法獲得好成績，因此，即使是讀到哈佛經濟學博士，在投資領域裡，依然要從小學生開始。

操作的轉變

科斯托蘭尼在一開始投資股票時，是靠著放空致富的，因為當他第一次走進證券交易所時，見到許多人瘋狂的買進股票，雖然他那時不懂投資，不過卻是抱著一股反叛的心情去放空，也因此當往後股市崩盤時，他第一次嘗到了投機賺錢的滋味。

嚴格來說，在他的投資生涯初期，其實不拘泥於做多或放空，因為他認為要順勢操作，也就是股票長期趨勢是如何，他就跟著去執行。

不過就在一次他放空賺了許多錢，他每天都在計算賺了多少，不過他突然發覺，他所賺的錢是建立在別人的損失和痛苦的金錢上。

他開始越來越不快樂，因為他發覺到，當他放空賺錢，開香檳吃魚子醬時，他的朋友們卻連一杯咖啡都喝不起，在那一刻，他不敢快樂，而且也快樂不起來，而且那種壞心情，是遠超過在股市賠錢的感覺。

從此以後，他改變了多空操作的方式，而是採取只做多的單向操作，他發覺他的獲利並沒有因此減少，而且當他賺錢時，他可以跟朋友抱在一起歡呼，而不是像以前獨自慶祝。

因此，他在書中也勸勉投資人，不要犯他過去的錯誤，要以樂觀的心情投入股票市場，並且永遠做多股票，若是盤勢不好時，那就空手觀望，讓自己休息。

證券心理學

科斯托蘭尼對於證　心理學非常關注，他以親身的經驗，體會大眾心理的變化對於股票市場的影響。

他曾經說過：「崩盤通常以暴漲為前導，而暴漲通常以崩盤做收尾」，也就是說，當大眾對於股票進行不明智的抉擇，不管是賣出或買進，都表示經濟趨勢即將要逆轉。

想在股票市場成功，他認為投資人首先要變為一個固執的投資者，並且要有金錢、想法、耐心和運氣等四項因素，才能在股市裡無往不利。

在這四項因素當中，科斯托蘭尼尤其重視「想法」的培養，他為固執的投資人下了一個好的注解：「如果相信自己的判斷，便必須堅定不移。」

他知道大眾會犯什麼錯，因為自己也犯過同樣的錯，他曾經因為用過份的財務槓桿來操作股票，使得他在股市受過兩次重傷，對此，他提出了一個自己領悟的公式：2乘2等於5減1。這公式其實就是在提醒投資人：不要借錢投資，由公式中可看出，用自己資金投入，即使虧損，也可以把傷害減至最低，而若採用融資的方式，受到的傷害也是以「融資」的倍數計算。

科斯托蘭尼在五十歲以後，決定成為一個財經作家，透過他的文筆，使得世人有機會了解這位了不起的投資人。雖然他曾經提過，在股市裡，不要接受任何的建議，唯有透過自己的思考，才能投資成功，但是他所呈現出的智慧，卻是投資人永遠最好的忠告。

我在股票市場越久，越能夠體會到心理學對投資的重要性，散戶之所以會賠錢，就我的觀察，十個有九個是因為情緒控管不好，造成在低檔區時不敢買進，高檔區時，捨不得賣出，所以我建議你在投資股市時，一定要懂得情緒管理。

科斯托蘭尼是我最欣賞的一個投資大師，他曾經在咖啡廳裡教導他的投資哲學，也孕育出了許多優秀的學生，我雖無緣成為他的學生，但是卻會永遠把他當成投資理財的首席老師。

投資小叮嚀

想在股票市場成功，要有金錢、想法、耐心和運氣等四項因素，才能在股市裡無往不利。

第八篇 section 3

日本股神 是川銀藏

買進要悠然，賣出要迅速。

經常有人會問我：投資股票是否有年齡限制，若年紀已經一把了，還適合投資嗎？我這時腦海便會浮現一個人：是川銀藏。

他在高齡六十三歲投入股市，當時他一點都不覺得年紀大的問題，反而是持著「活到老、投資到老」的心態，在他85歲時，靠著投資股市，竟然成為全日本所得最高的人。

雖然是川銀藏是靠著投資股票致富，但是他卻勸勉投資大眾，不要認為股票的錢很好賺，他還為此寫下了自己的自傳，要讓世人知道靠股票致富是非常困難的。

透過他的自傳，全世界的投資人很幸運能夠了解他的人生和投資哲學，並且在投資過程中，能夠以他的經驗為借鏡，盡量避免犯下相同的錯誤。

不可思議的一生

是川銀藏從小學畢業後就開始工作，到十六歲時，因為就職的公司倒閉，他開始認真思考自己的人生。他認為與其找個工作，將來失業後再去找工作，如此的人生循環，實在不是他想過的生活。

因此他決定自己創業，於是他在十九歲就成立了第一家公司，不過因為許多波折，創業過程並不是很順利，在三十一歲之前，他總共破產了三次。

是川銀藏在三十一歲時，決心潛心地研究世界的經濟趨勢，他花了足足三年的時間，在圖書館埋頭苦讀，在三十四歲開始成為股票投資人。

一開始他在股市無往不利，在三年的粹練中，他練就了百分之百的判斷力，不過後來二次大戰爆發，他為了日本，又回到創業一路，在大戰期間開發鐵礦，為了日軍有足夠的軍備，並且為了戰後的日本人口復甦，他又發明了二期稻作。

是川銀藏就這樣一路忙到六十歲，日本二期稻作的成果逐漸展現後，他決定應該讓妻子有好日子過，於是決定重回股市。

是川銀藏在投資股市過程中，雖然有起伏，但是他總能在錯誤中更為成長，他在八十五歲時，所得成為全日本第一，十年後，是川銀藏過世，留給世人一個傳奇的故事。因此每當投資人說他過去投資股市賠太多，現在已經老了，想退出股市了，我就會拿是川銀藏的例子來勉勵投資人說：「是川銀藏從六十歲才真正從股市裡賺到大錢，你比是川銀藏還年輕，你一定也能夠做到。」

有原則的烏龜

是川銀藏從龜兔賽跑的寓言故事中，體會到投資股票就像龜兔賽跑一樣，投資人若像兔子過於自信，最後必會投資失敗，唯有像烏龜一樣，穩紮穩打的走每一步，堅守穩健投資的原則，才有可能在股票市場獲利。

他建議投資人找到潛力極佳，並且尚未被人發現的績優股，買進後長期持有，每日關心世界的經濟情勢，而且要自己下工夫研究，不可去打探什麼內線消息。

並且因為他自己是用融資操作，經歷了大賺和大賠的過程，所以他勸勉大眾一定要以自有資金操作，不要用財務槓桿來擴張投資。

「買進要悠然，賣出要迅速」是他額外提出的操作原則，藉此簡單提醒投資人，買賣之間要有自己的想法，不可隨著眾人的情緒起舞，尤其是在決定賣出股票時，千萬不要像兔子一樣，因為不斷上漲的股價，讓自己完全紅了眼，而錯失獲利出場的機會。

飯吃八分飽就好

是川銀藏雖然在投資時，非常的小心謹慎，不過在投資同和礦業這支股票時，因為過度的貪心，把賣點隨股價不斷暴漲而向上調升。等到股價開始回檔，他想賣出股票時，卻已經來不及了，最後全部出脫完畢時，只有拿回成本，白白少賺了十倍的獲利。

他用吃飯來做比喻，就是只要吃到八分飽，剛剛好就好，不要為了滿足個人的飽腹之慾，而讓自己吃的過飽，藉此應用在投資領域裡，就是一旦設好停利點，就要滿足地出場。

當第一次知道「八分飽」的投資哲學時，我突然有所頓悟，因為我很喜歡美食，常常一定要吃的很飽才肯罷休。所以在投資股票時，也往往錯過了很好的賣出時機，因此對於克服人性中的「貪心」，我應該會從平日的飲食節制開始做起。

是川銀藏在經過了同和礦業的慘痛教訓，在下一次投資住友礦山股時，把他的所有智力完全發揮，不只運用烏龜原則佈局，並且在股價高檔區時，能夠謹守八分飽原則，後來當他出清住友礦山股時，他就成為當年度日本所得最高的人。

是川銀藏在他的自傳中，提到很多故事：他可以為了找鐵礦，獨身前往當時的朝鮮半島；他可以為了發產二期稻作，曾經在半年內，「忘記」換洗衣服；他也會為了自己所看中的潛力股，三次坐直昇機實地去求證。這麼多故事所不斷呈現的精神便是：無論他是開公司或投資股票，只要他認定是對的事，他一定投注百分之百的心力，全力以赴地面對他所面臨的每一個挑戰，他用他一生的努力，做了智慧型投資人最好的典範。

第八篇 section 4

建立自己的投資哲學

巴菲特在挑選股票時，不只看外表，而是關心其內在的價值。

看了三位投資大師的故事後，建議你要從中開始建立起自己的投資哲學，因為要從散戶追求明牌的等級，升至買什麼賺什麼的投資大師等級，你就要提升自己的投資心法，從而讓自己成為一個優秀的股市投資人。

巴菲特在挑選股票時，不只看外表，而是關心其內在的價值，也就是說，他在買進股票時，不會想買什麼就買什麼，更不會去打聽股市明牌，靠自己的研究，找出具有上漲潛力的股票。

你會不會經常後悔把股票賣掉後，股價就像沖天炮一樣往上大漲，這時你可以運用科斯托蘭尼的投資心法，他認為投資的技術不能用科學來量化測量，反而要像藝術家一樣，擁有浪漫的情懷，和豐富的想像力。

也就是說，你要敢於想像股價會真的會上漲至你超乎想像的地步，你不會把股票賣在最低點。

當股價漲至一個程度時，投資人經常會開始腦充血，會認為股價漲完一倍還有一倍，因此不只不賣股票，反而還開始大買股票，這個階段你就要學習是川銀藏的投資。

他認為投資股市就像吃飯一樣，要吃到八分飽，剛剛好就好，不要為了滿足個人的飽腹之慾，而讓自己吃的過飽，因此是川銀藏雖然不會把股票賣至最高點，但是都能夠在高檔區把股票賣掉。

這三位投資大師對於挑選股票、買點、賣點的掌握度，其實都跟你我差不多，唯一不一樣的是，他們對於自己的情緒控管非常好，因此能夠靠著無比的耐心、信心在股市裡致富。

投資小叮嚀

在投資股市時，一定要懂得情緒管理。

巴菲特、科斯托蘭尼、是川銀藏的投資哲學

巴菲特	挑選股票就像是在選老婆一樣，不只是看中人的外表，而是要關心其內在的價值
科斯托蘭尼	投資的技術不能用科學來量化測量，反而要像藝術家一樣，擁有浪漫的情懷，和豐富的想像力
是川銀藏	吃到八分飽，剛剛好就好，不要為了滿足個人的飽腹之慾，而讓自己吃的過飽，藉此應用在投資領域裡

第八篇 section 5

了解自己的投資類型

資產絕對要越存越滿，而不能邊裝邊流。

俗話說：「一樣米養百樣人。」這意思是吃同一種米的人們，儘管他們都是以稻米當作主食，但孕育出來的卻是許多不同思想和不同個性的人們。

在投資市場也是如此，一樣都是投資人，但彼此的差異卻很大，這也造成投資人對股價的上漲或下跌，不一定就會有一樣的思考及反應模式。

因此本節準備了一個簡單的性向測驗，針對投資人在不同的理財環境中，會產生甚麼樣的心理反應，藉此測驗出你屬於哪一種類型的投資人，而你可再根據自己的個性來選擇適合的投資工具。

不同類型的人會產生不同的股市操作，因此若你能知道自己屬於哪樣類型的人，你便能夠藉此從股市裡賺到錢。

測試自己的投資類型表

1. 職業	學生	上班族	老闆
	5分	10分	20分
2. 自有資金	30萬元以下	100萬元以下	500萬元以下
	5分	10分	20分
3. 操作心態	非常關心漲跌	偶而關心漲跌	漲跌都不管
	5分	10分	20分
4. 賺錢的企圖心	想賺比定存高的報酬率	想賺比基金高的報酬率	想賺比股票高的報酬率
	5分	10分	20分
5. 股票套牢時	會加碼攤平	會放著被套	會停損出場
	5分	10分	20分
合計分數	25至50分 A型	55至75分 B型	80至100分 C型

A型投資人

A型的投資人屬於保守一族，比較不太容易從股市裡賺到錢，情緒容易跟著股價漲跌起伏，並且經常看著報紙買賣股票，因此，A型投資人一定要克服自己追求股市明牌的性格，才有機會從股市賺到錢。

B型投資人

B型投資人在股市的獲利狀況有高低起伏，雖然對股市有所了解，但是由於無法準確掌握住股市的高低檔區間，所以大部分的時間，都是被股市套牢所苦，B型投資人應該加強的是自己的心理建設，建議多看一些財經書籍，建立起自己的投資哲學。

C型投資人

C型投資人在股市的獲利通常是無往不利，不過有時候因為太過於有自信，往往把資金一次就重押進去，結果很可能把之前自己賺的錢，都一次賠進去，因此C型投資人切記要讓自己在佈局股票時，採取分批佈局的方式買進股票。

投資小叮嚀

將自己的情緒控管好，就能夠靠著無比的耐心、信心在股市裡致富。

A Recommend Book

Book 好書×推薦

20幾歲，投資股票就定位

***用技術分析看出人心**

人心，也就是欲望，是推動股市行情的巨大動力，十人中十人看法一致時，市場會反轉；市場是不確定的、無法預測的，因此本書作者試著從技術分析的角度著手，希望能藉此看出人心。

***清楚的K線圖分析**

◎單一K線的意涵：強線、弱線、關K、關關K的辨識。

◎二根K線組合的意涵：地椿、貫穿、吞噬、母子、反撲、鑷底、鑷頂……等。

◎三根K線組合的意涵：山川、河流、星辰、烏鴉、喜鵲、三明治、內困反轉、上升三法、下降三法、一口咬定、鯨吞蠶食……等

***指出成交量與價格間的關係**

◎基本量、攻擊量、進貨量、出貨量、換手量、止跌量、止漲量、如何解讀？

◎量是價的先行指標，價是量的決行指標，量價如何攻防？

◎量大非福、量小非禍、是福不是禍，是禍要躲過，如何閃躲？

財經

A Recommend Book

Book 好書×推薦

提升10倍業績の行銷力

保證看得懂！保證學得會！保證用得到！

將「宣傳焦點」鎖定在商品的行銷手法，在現代已經不適用了。大家都會做的事，不能當做行銷賣點，趕快捨棄對於商品的「執著與堅持」。

單純強調品牌或商品品質的行銷時代已經過去，顧客需要的並不只是商品或服務，而是買了這項商品之後，可以擁有什麼樣的理想生活？會有什麼樣的體驗？會發生讓人開心的事嗎？

只要懂得利用行銷建立與顧客的「關聯性」，商品品牌便會深入消費者心中，當要購買相似商品時，自然會找「關係密切」的商店購買。

一定賺錢的創業SOP

一創業就開始賺錢！

不少人夢想著有朝一日能夠「創業當老闆」，在投入創業之前，務必熟知創業流程及資訊，作好準備再出發，本課程彙整了新手創業入門的必修課程，指導新手老闆實務操作步驟，協助您減少摸索期，做好創業前的準備！

• 講座企劃／張凱文

曾任證券營業員，出版社總編輯，自行創業開出版社，創業穩定之後將出版社交給專業經理人經營，目前專職寫作。書籍內容大多採取淺顯易懂的寫法，深受讀者歡迎，固定都有出版品出版，書籍銷量每年以平均20%的速度增長，在出版業不景氣的環境下，有此成績更是可貴。

課程優惠券 2000元

優惠券使用方式

- 此優惠券僅限於「創業SOP」課程使用。
- 此優惠券不得影印、掃描、兌換現金或找零。
- 此優惠券使用說明最終解釋權歸於茉莉出版社所有。

課程三大特色：

馬上學！ 馬上練！ 馬上用！

課程大綱

1. 如何產生好主意／2. 擬定銷售策略／ 3. 創業資金籌措
4.建立團隊／5.提升業績的說話技巧／6.第一次創業就上手

授課對象

1. 未來想成功創業的頭家。
2. 尚在籌備階段的新創企業主。
3. 已經創業並尋求業績突破的企業主

預期效益

1. 協助創業入門的必備知識。
2.協助新創企業主作好準備，一圓創業夢。
3. 協助讓目前的企業業績更上一層樓。

- 課程名稱:創業sop
- 課程地點:台北市
- 課程費用:6,000元
- 報名電話:0916-070134(楊小姐)

課程優惠券 2000元

優惠券使用方式

- 此優惠券僅限於「創業SOP」課程使用。
- 此優惠券不得影印、掃描、兌換現金或找零。
- 此優惠券使用說明最終解釋權歸於茉莉出版社所有。